Silvia Álava

¿Por qué no soy feliz?

Vive y disfruta sin complicarte la vida

HarperCollins

Editado por HarperCollins Ibérica, S. A.
Núñez de Balboa, 56
28001 Madrid

¿Por qué no soy feliz? Vive y disfruta sin complicarte la vida
© 2022, Silvia Álava Sordo
© 2022, para esta edición HarperCollins Ibérica, S. A.

Diseño e ilustración de cubierta: CalderónStudio
Diseño de maqueta y maquetación: Vicente Gómez

ISBN 978-84-9139-730-4
Depósito legal: M-30909-2021

La felicidad depende de nosotros mismos.

Aristóteles

Índice

El método para incrementar el bienestar emocional

¿Es necesario ser feliz?

A lo largo de este libro desmontaré la idea que se nos ha impuesto de felicidad asociada solo al disfrute personal y a pasarlo bien. Seremos críticos respecto a una sociedad que nos impone ser felices como norma para demostrar que estamos bien y que no somos menos que los demás, y veremos cómo lo realmente importante es aprender a encontrarse bien con nosotros mismos. Y esto pasa por aceptarnos tal y como somos, entender nuestras emociones, tanto las agradables como las desagradables, y no evitar caernos y dejar de cometer errores, sino aprender a levantarnos.

En la primera parte del libro hablaré de lo que es y de lo que no es la felicidad. Ser feliz no implica estar alegre todo el día, sino que está más relacionado con entender las emociones, saber lo que nos ocurre, el porqué y cómo manejarlo, todas ellas habilidades de la inteligencia emocional. Hablaré de las emociones, qué son, cómo aprender a conocerlas mejor, cómo nos afectan en nuestra vida diaria y cómo manejar las desagradables a la vez que potenciamos las agradables.

La segunda parte del libro la he titulado «Los enemigos de la felicidad». Profundizaremos en nuestros pensamientos, las creencias limitantes, la rumiación, el rencor, la comparación social, el móvil como anestesiador emocional... Cómo muchas veces somos nuestros peores enemigos y nos ponemos trabas a la hora de sentirnos bien.

Terminaré con «El método para incrementar el bienestar emocional». Quizá el nombre de método pueda parecer un poco presuntuoso, pero no pretendo que sea un método científico, sino las conductas y actitudes que la ciencia confirma que te ayudarán a incrementar el bienestar emocional, junto con otros descubrimientos que he ido experimentando y observando en mi día a día como psicóloga sanitaria y en mi vida personal y familiar. Explicaré de forma detallada cómo llevarlo a cabo.

Y, finalmente, quería añadir que me hubiera gustado usar un lenguaje inclusivo, pero no lo he hecho temiendo cansar al lector. Espero con ello que nadie se sienta discriminado o discriminada.

¿QUÉ SIGNIFICA SER FELIZ?

Desde que nacemos nos venden la idea de que tenemos que perseguir nuestra felicidad, que para triunfar en la vida hay que ser felices, y, además, en este siglo XXI, colgarlo en las redes sociales para demostrar al mundo lo bien que estamos. Pero ¿realmente es necesario ser feliz?

La respuesta es, como en la mayoría de las cuestiones de la vida, depende. Depende de lo que entendamos por felicidad. Si nuestro objetivo es sentir alegría las veinticuatro horas del día, cada día de la semana, no solo no es necesario ser feliz, sino que lo más probable es que terminemos sintiendo una gran frustración porque nos hemos marcado un objetivo imposible de lograr.

Lo que realmente necesitamos es encontrarnos bien, a gusto, en calma y en paz con nosotros mismos. La pandemia ha cambiado la forma de relacionarnos con el mundo. Tanto en primera persona como con los demás, y ha puesto en jaque nuestro sistema de creencias y de valores. La idea de felicidad hedónica —es decir, de estar todos los días haciendo cosas que nos gustan— se ha tornado difícil de lograr por las restricciones que la pandemia nos ha impuesto. Los arcoíris de colores, los unicornios y los cuentos de hadas son preciosos, pero como elementos inspiradores, no como filosofía de vida.

El objetivo es conseguir bienestar emocional. Debemos entender que la vida no es de color de rosa ni tampoco blanca y negra. Al igual que en la naturaleza están presentes todos los colores, y somos capaces de apreciarlos, en nuestro interior sentiremos todas las emociones —las agradables y las desagradables—, y tendremos que aprender a reconocerlas y a comprenderlas para así aceptarlas y poder manejarlas.

Hagamos una reflexión: en nuestros años de enseñanza formal, ¿cuánto tiempo has dedicado a entender cómo te sientes, a adquirir esa inteligencia emocional tan necesaria en la vida? Me temo que la respuesta es poco, muy poco. Si sabemos algo es por lo que hemos leído, por los vídeos que hemos visto, por la terapia psicológica que hemos recibido para superar algún bache de la vida o porque queríamos aprender a gestionar mejor la ansiedad, el estrés o la tristeza. Por desgracia, la educación emocional todavía no está implantada en el sistema educativo, aunque cada vez son más las escuelas, e incluso las empresas, que, siendo conscientes de su importancia, ofrecen esta formación a sus alumnos y empleados.

Al trabajar el bienestar emocional, además de sentirnos mejor, conseguiremos el equilibrio emocional tan necesario para enfrentarnos a los problemas.

Hemos vivido varias olas de la COVID-19 que se han llevado la vida de muchas personas dejando un vacío desolador, con duelos truncados ante la imposibilidad de despedirnos de nuestros familiares o amigos. Desde el inicio de la pandemia los profesionales de la salud mental hemos insistido en que la población no estaba preparada para afrontar los efectos del confinamiento, las muertes y las restricciones, y que tendríamos una oleada de problemas de salud mental que duraría más que la vírica. Por eso, ahora es más necesario que nunca invertir en la prevención de la salud emocional.

Antes de la COVID-19 los trastornos mentales afectaban al veinticinco por ciento de la población, y con la pandemia y las restricciones esta proporción se ha incrementado. Se estima que los problemas de salud mental costarán a la economía global más de dieciséis millones de dólares en 2030, entre los costes directos —medicamentos, atención sanitaria, terapias...— e indirectos —pérdida de productividad—. De hecho, en la actualidad, la depresión es la principal causa de invalidez en todo el mundo.

Está claro que una vez que ha aparecido el problema hay que enfrentarse a él y resolverlo, pero quizá la clave para evitarlo esté en invertir en la prevención. Conocer cómo funciona la mente, el cuerpo y las emociones nos ayudará. El objetivo de este libro es saber, entre otras cosas, qué es lo que ocurre cuando nos sentimos sin fuerza o sin energía, o cuando sentimos que las cosas no son como nos gustaría y la rabia interior se apodera de nosotros.

Esta lectura no pretende sustituir el proceso terapéutico, sino ayudar a comprendernos mejor, a entender nuestras emociones, cómo funcionamos, por qué en ocasiones actuamos como si fuésemos nuestro peor enemigo —si te sientes identificado con esta frase, tranquilo, todos lo hacemos— y dotarnos de estrategias que nos ayuden a sentirnos mejor con nosotros mismos.

Como psicóloga sé que el pensamiento positivo es fundamental, y en los próximos capítulos veremos cómo potenciarlo. No obstante, no caigamos en la falacia de pensar que con buena voluntad todo se puede o que si te esfuerzas siempre lo conseguirás. Lo siento, la psique humana no funciona así, no es tan simple. Con esfuerzo y buena voluntad es más probable llegar a nuestras metas, sin embargo, no es garantía de éxito. Es un eslogan muy bonito, pero no es cierto. Aceptar las caídas sin negar el dolor que nos provocan y conseguir levantarnos de nuevo, una y otra vez, aceptando que no siempre lo haremos con nuestra mejor sonrisa, está más cerca del bienestar emocional y de esa ansiada felicidad que el simple hecho de pensar «yo puedo».

En este libro quiero contarte, desde la perspectiva científica, lo que podemos hacer para encontrar el equilibrio emocional, fomentando el bienestar emocional y sintiendo que encontramos la calma y la paz que nos merecemos. Habrá muchos momentos de alegría —y por supuesto intentaremos fomentar dicha emoción—, pero dejaremos espacio también para el dolor, la tristeza, el miedo, el enfado... porque todas estas emociones forman parte de la vida, y lo que queremos es aprender a manejar las desagradables, no que desaparezcan o nos manejen ellas a nosotros.

El viaje empieza aquí.
Y todo comienza con un simple paso.

1

Entonces, ¿qué es ser feliz?

La felicidad es seguir deseando
todo lo que uno ya posee.

San Agustín

Durante mi carrera profesional he tratado a muchas personas que me han pedido ayuda porque creían que les costaba ser felices.

¿Alguna vez te has planteado por qué
nos cuesta ser felices?
Quizá los mitos de la felicidad nos han llevado
por el camino equivocado.

Una de las barreras que nos impide ser felices es la cantidad de creencias erróneas que tenemos sobre la felicidad. A lo largo de la vida nos van contando y vamos conociendo historias, ejemplos que desde fuera parecen fascinantes y que nos muestran una idea de felicidad que es inalcanzable para la inmensa mayoría de nosotros. Por no hablar de la sociedad de consumo, que nos lanza mensajes del tipo «necesitas esto para ser feliz». Si nos dejásemos llevar por los anuncios, para ser felices, antes hacía falta tener un coche con muchos caballos, ahora uno eléctrico que no contamine, una casa grande, un armario lleno de ropa, gastar una cantidad importante de dinero en ocio… ¿Cuántas personas conocemos que piensan que serán felices cuando encuentren a su pareja ideal, una vivienda más espaciosa o con terraza o jardín, el trabajo de sus sueños…? Y hasta que esto llega —si es que llega algún día— han perdido un tiempo precioso para disfrutar de su trayectoria, de su camino, y encontrarse bien con ellas mismas. Además, no quiero hacer ningún *spoiler*, pero ¡cuántas veces, cuando ya tenemos lo que tanto ansiamos, nos damos cuenta de que no es como esperábamos!

La felicidad, ¿hay que encontrarla?

Esta es una de las creencias erróneas más extendidas sobre la felicidad. La idea de que tenemos que hacer una búsqueda, como si se tratase de una yincana o una búsqueda del tesoro, donde vamos superando etapas en las que al final nos dan el ansiado premio: la felicidad. Suena precioso, pero la realidad no es así por varios motivos.

El primero, porque entonces, ¿quién es el máster del juego que nos va guiando y dando las pistas? En el hipotético caso de que existiese, tendría todo el conocimiento sobre nuestra persona, nuestros anhelos y nuestros intereses, y sería capaz de guiarnos, además de forma didáctica y divertida, hacia la ansiada felicidad. Como argumento de película puede sonar muy espectacular y enganchar al público, sin embargo, en la vida real esta figura no existe. Si muchas veces nosotros mismos no tenemos claro lo que queremos o hacia dónde deseamos dirigirnos, ¿cómo lo va a saber otra persona? Eso es imposible. En segundo lugar, no hay que salir a buscar la felicidad. No es algo que esté ahí fuera, escondida en algún lugar que debamos encontrar, sino que está dentro de nosotros. Y es que, ¿quizá hemos sobrevalorado la felicidad? Como ya he comentado, voy a incidir en la idea de felicidad asociada al bienestar emocional, un estado mental en el que aceptamos nuestra vida tal y como es mediante el desarrollo de recursos y estrategias que nos sirvan para manejar las emociones desagradables y saber cómo actuar ante las situaciones complicadas, que, sin duda, surgirán. Y, sobre todo, cómo potenciar las emociones agradables. Crear momentos para disfrutar y saborearlos. No ir con prisas pensando cuál y cuándo será la siguiente ocasión de ocio y si será mejor que la actual.

¿La felicidad se conquista?

Esta es otra de las ideas que también se nos han trasmitido. La felicidad es como ese territorio que debemos conquistar, hay que hacer toda una serie de cambios en nuestra vida para poder conseguirla.

Pensar que solo vamos a ser felices cuando cambien las circunstancias y logremos aquello que anhelamos tanto es una falsedad. Pensar que seremos felices cuando acabemos los estudios, nos independicemos, nos vayamos a vivir en pareja, tengamos hijos, cambiemos de trabajo... es algo que nos aleja del bienestar. Esas ideas formuladas con la estructura «Seré feliz si...» o «Seré feliz cuando...» implican hacer una valoración muy negativa de la vida.

Es como si lo que tenemos ahora, en estos momentos, no fuese válido o fuera insuficiente para disfrutar de una existencia plena. No se trata de conformarse con lo que tenemos o dejar de luchar por los sueños, sino de aceptar la vida tal y como es, aprender a disfrutar de los pequeños instantes de bienestar, que quizá puedan estar asociados a emociones de paz, calma, quietud, y saborear los ratos de risas o de disfrute sin dejar de trabajar por conseguir nuestro objetivo.

Según la doctora Sonja Lyubomirsky, referente en las investigaciones sobre felicidad, las circunstancias que nos rodean no tienen tanta importancia dentro de nuestra felicidad, y todos tenemos el poder de mejorar cómo nos sentimos a través de acciones concretas, manejando cómo interpretamos la realidad. Si no cambiamos la tendencia de ver las cosas negativas o no somos capaces de disfrutar de los pequeños placeres, será muy complicado conseguir la ansiada felicidad porque, incluso en el hipotético caso de que las circunstancias cambiaran a nuestro favor —que ojalá que así sea—, no sabríamos darnos cuenta de ello y disfrutarlo. Por tanto, te invito a valorar la vida tal y como es, fomentando los momentos agradables, relativizando los problemas y dándoles la justa importancia, disfrutando de las pequeñas cosas cotidianas.

Tengo lo que quería y ¡no soy feliz!

En los más de veinte años que llevo trabajando como psicóloga me he encontrado a muchas personas que me han pedido ayuda porque no eran felices pese a tener todo lo que habían deseado. Habían conseguido terminar sus estudios, tenían un buen trabajo con un sueldo que les permitía llevar una vida holgada, pareja, hijos, amigos... y, sin embargo, no se encontraban bien. ¿Por qué teniendo lo que siempre quisieron no eran felices?

Hay una creencia popular que dice que quizá no valoramos suficiente las cosas hasta que las perdemos. Por ejemplo, no somos consientes de lo que aportan determinadas personas en nuestra vida hasta que se van. Pero podemos ir más lejos. Hasta que no llegaron los tres meses de confinamiento por la COVID-19 no valoramos poder salir a dar un paseo, quedar con los amigos, el café de media mañana con los compañeros de trabajo o de estudio... A los pocos días, ya lo estábamos echando de menos. Bastaron solo unos meses para darnos cuenta de la importancia de las pequeñas acciones cotidianas. Sin embargo, el aprendizaje no se mantuvo en el tiempo. Los primeros días que solo podíamos salir a pasear una hora la disfrutábamos como nunca. Y en cuanto la situación se fue normalizando, volvimos a nuestra costumbre de no valorar lo que teníamos y poner el foco en lo que nos faltaba.

Nos esforzamos por conseguir cambiar las circunstancias de la vida pensando que eso nos reportará felicidad, cuando, lo más probable, es que esta felicidad, conseguida mediante el cambio, solo dure un tiempo.

**Para ser feliz no necesitas cambiar
las circunstancias de la vida. Necesitas cambiar
la forma de entenderla.**

¿Por qué los ansiados cambios, o los retos conseguidos, tienen un efecto tan efímero en nuestra felicidad? Por lo que denominamos la adaptación hedonista. El ser humano tiene una gran capacidad de adaptación y pronto se acostumbra a los cambios sensoriales y fisiológicos. Como fenómeno para la supervivencia está muy bien, y por eso podemos llegar a vivir en condiciones muy incómodas y poco recomendables. Sin embargo, igual que terminamos acostumbrándonos y tolerando las situaciones incómodas, rápidamente nos adaptamos a lo bueno. De la misma manera que acabamos por no ver las grietas y los desconchones de las paredes de nuestra casa, terminamos por no valorar ese cuadro tan bonito y que con tanta ilusión colgamos en el dormitorio. Por ejemplo, cuando nos cambiamos de casa, al principio estamos entusiasmados con el nuevo espacio —buscamos cómo decorarlo, dónde poner cada cosa—, pero con el tiempo nos habituamos a ello y dejamos de valorarlo. Y lo peor es que en ocasiones dejamos de ser conscientes de lo que tenemos y ya no lo disfrutamos como al inicio. Algo parecido pasa cuando cambiamos de coche. Ese olor a nuevo, la potencia del motor o el silencio en el interior mientras conducimos en pocas semanas pasa a ser lo que esperamos cuando entramos en nuestro vehículo y ya no lo valoramos.

Recuerdo el día que me compré mi primer coche. Hasta entonces los tres anteriores habían sido heredados con unos cuantos miles de kilómetros. No se me olvidará su amplitud, la diferencia de luz que proyectaban los faros, ¡incluso no tener que apagar el aire acondicionado para que pudiese subir las pendientes! Por eso, un ejercicio que hago cuando me monto en él —que, por cierto, ya tiene seis años— es evocar todas esas sensaciones que experimenté, permitirme volver a sentirlas y recordar cómo era conducir mi antiguo coche. El objetivo muy simple: evitar que la adaptación hedonista llegue a mi vida.

¿Por qué se produce la adaptación hedonista?

Lo más habitual es por un aumento de aspiraciones. No nos conformamos con lo que tenemos, sino que queremos más. Cuando vivimos con nuestros padres lo que queremos es independizarnos, luego una casa más grande, después una terraza. Cuando ya lo hemos conseguido, mejor un chalé... Lo que tenemos se convierte en lo normal y deseamos más.

Y también por la comparación social. Queremos lo que nuestros amigos o vecinos tienen. Si ellos se cambian de coche, *a priori* nos cuesta reconocer que nosotros también queremos cambiarlo. Sin embargo, empezamos a pensar que el nuestro quizá esté viejo, que con los planes y ayudas que hay es una pena desperdiciar la oportunidad...; es decir, construimos un discurso que avale la aparente necesidad de cambiar el vehículo, que, en definitiva, es un autoengaño para evitar decirnos: «Yo también lo quiero», o la idea que a veces subyace: «Es que yo también me lo merezco». Por supuesto que sí, que nos lo merecemos, ¿pero lo queremos y lo necesitamos? ¿O lo hacemos por no ser menos que los demás?

Muchas personas piensan que serán más felices cuando se casen o cuando tengan dinero. La evidencia científica dice que no siempre es así, si bien es cierto que tener una relación de pareja estable es un apoyo incondicional en la vida que nos puede ayudar a lidiar con las situaciones complicadas de la misma.

El matrimonio tiene consecuencias pasajeras sobre la felicidad. Cuando una pareja se casa, se produce una inyección de felicidad cuyos efectos duran aproximadamente dos años. A partir de esa fecha su nivel vuelve al que tenían antes de la boda, a no ser que proactivamente ejerciten la mejora continua.

Algo parecido ocurre con el dinero. Las encuestas realizadas a ganadores de la lotería muestran que su índice de felicidad después de un año de haberla ganado había vuelto al que tenían de referencia antes de recibir el dinero. Incluso algunos verbalizan que antes disfrutaban más de las actividades cotidianas, como ver la televisión o dar un paseo. Pensamos que el dinero nos dará la felicidad y ningún estudio lo demuestra. Es verdad que cuando se carece de él la problemática que aparece genera una serie de situaciones estresantes que son muy complicadas de gestionar. Por tanto, podríamos matizar la frase: el dinero no da la felicidad, pero hay que tener un mínimo que garantice que nuestras necesidades básicas y las de nuestra familia están cubiertas, y que si surge un imprevisto, podamos hacerle frente.

Sin embargo, esta capacidad de adaptación también tiene su funcionalidad, dado que nos permite —cuando sufrimos un revés y la situación empeora— aprender de la adversidad e incluso crecer ante ella. En el capítulo «Crecer ante un trauma: fomentar la resiliencia» profundizaremos sobre este tema.

Esto es lo que le ocurría a Sara. Cuando la conocí me comentó que había conseguido todo lo que creía que quería. Trabajaba en una multinacional famosa por el buen trato que dispensaba a sus trabajadores, tenía pareja estable, amigos, su sueldo era bueno... No obstante, no terminaba de ser feliz. No conseguía disfrutar de su vida, y gran parte del problema era porque, en lugar de saborear sus éxitos o disfrutar del día a día, su mente solo veía los fallos que había cometido, pensaba en cómo hacerlo mejor la próxima vez y, sobre todo, cuál sería su nuevo reto. Lo que tenía no le bastaba, nunca era suficiente.

El trabajo con Sara consistió en aprender a estar presente en lo que hacía, en valorar sus logros y apreciar los pequeños placeres. En aceptar que las cosas no siempre salían perfectas y que con hacerlo bien bastaba. Aprendió a disfrutar del proceso y a no exigirse demasiado.

2

Si pongo todo mi esfuerzo, ¿por qué no lo consigo?

Hay una filosofía muy de moda de que si quieres, puedes, que trasmite la idea de que debemos perseguir nuestros sueños, luchar por ellos, y parece que si no lo conseguimos es porque somos unos fracasados o porque no lo intentamos con todas nuestras fuerzas. Esta idea, que en principio podría resultar inspiradora, ha hecho mucho daño, ¿por qué?

Se nos olvida que cada persona es un mundo completamente diferente, con su casuística y sus circunstancias, y que no siempre va a poder conseguir lo que sueña. A veces, porque no es realista en lo que quiere y tiene que ajustar sus expectativas.

Antes de embarcarnos en ese proyecto hay un trabajo previo que deberíamos hacer: conócete a ti mismo. Esta idea no es mía, estaba escrita en el templo de Apolo, en Delfos, varios siglos antes de Cristo. Pero hoy sigue estando de actualidad. Se trata de observarnos muy bien. Saber cuáles son nuestros puntos fuertes y cuáles nuestros puntos débiles. Esto es algo que forma parte del autoconcepto.

Tan importante como conocer tus virtudes
es conocer tus defectos. De esta forma
podrás ajustar las expectativas a la
hora de definir tu sueño.

Se trata, por tanto, de saber dónde están los límites para, a partir de ahí, ajustar las metas. Por ejemplo, yo sé que uno de mis puntos fuertes en los procesos mentales es la memoria, y cuento con la fortaleza de la persistencia. Por eso, poniendo mucho esfuerzo de mi parte, y pese a unos cuantos litros de lágrimas, pude sacarme el doctorado. Sin embargo, con respecto a la coordinación motora, no soy nada buena. Puedo practicar deporte y disfrutar de ello, pero hubiera sido muy difícil que hubiese podido destacar en ninguna disciplina deportiva porque no cuento con las habilidades necesarias. Si mi sueño hubiera sido ser deportista profesional, me temo que habría fracasado estrepitosamente y hubiese sentido una gran frustración. Sin embargo, eso no quita que pueda seguir practicando deporte y mejorando cada día, pero como *hobby*, sin pretender vivir de ello.

¿Por qué me siento fracasado?

Hay personas que viven en una continua sensación de fracaso con niveles muy altos de frustración porque no ajustaron bien sus expectativas a la hora de tomar decisiones. Por ejemplo, en un momento de crisis económica deciden ponerse a estudiar una oposición cuando nunca se les dieron bien los estudios. Al final se dedican muchos años a estudiar con la frustración de no conseguir los resultados esperados y la consiguiente sensación de fracaso. Analizar tus posibilidades de forma realista te puede ayudar a evitar disgustos, pero también a poner el foco y a utilizar tu fuerza y tu energía en lo que sí que puedes lograr.

Otras veces el problema se da por las exigencias de la familia. Hay padres que se empeñan en que sus hijos cursen unos determinados estudios o se dediquen a una profesión sin respetar sus preferencias personales o sin tener en cuenta sus aptitudes, y con eso consiguen que la persona se sienta, además de fracasada y enfadada por no conseguirlo, culpable por no haber satisfecho las expectativas familiares. Por mucho que nos guste que nuestros hijos sigan los pasos que consideramos mejores para ellos, llega un momento en el que hay que dejarles volar y que elijan por ellos mismos. Aunque creamos en ellos y sus capacidades y les trasmitamos esa idea de superación, debemos respetar sus decisiones.

Cada persona es libre de elegir su camino, aunque sea el equivocado. No presiones a nadie para que haga algo que no quiere.

Si te sientes identificado con esta situación, es el momento de que analices si el camino que estás siguiendo es el que tú quieres o es el que otros han elegido por ti. Cada uno somos los responsables de nuestra vida; si dejamos que los demás tomen las decisiones por nosotros, por mucho que confíen en que podamos conseguirlo, les estaremos dando la llave de nuestra felicidad. Por el contrario, si lo que sentimos es rabia o tristeza porque creemos que nuestro familiar no está tomando la decisión que consideramos correcta, parémonos también. No podemos decidir por él, aunque sea nuestro hijo. Si ya es mayor, permitámosle que tome sus propias decisiones y elija su vida. Y, sobre todo, pongamos el foco en sentirnos nosotros realizados.

Muchas veces los padres, en lugar de buscar su autorrealización personal, proyectan sus deseos y sus necesidades en sus vástagos, y eso es muy perjudicial para ambos. Cada uno tiene que poner su energía en sentirse realizado a través de sí mismo, no a través de los demás. Es muy egoísta proyectar esa carga en una tercera persona, ya que le podemos generar sentimientos de culpa por fallarnos a nosotros, sus seres queridos, y de frustración, por no haber logrado cumplir nuestras expectativas.

Por otro lado, vivimos en una sociedad que nos impone ser felices, presumir de ello y mostrarlo al mundo. Como ya he dicho, hemos necesitado una pandemia y estar tres meses metidos en casa y otros más de restricciones para darnos cuenta de que, quizá, lo importante es valorar lo que tenemos, y disfrutar de los pequeños momentos. De esa forma conseguiremos lograr el equilibrio emocional tan importante hoy en día.

> Quizá sea hora de dejar de perseguir la felicidad para disfrutar de lo que ya tienes y sentir que estás en paz contigo mismo.

Mucha gente lo consigue, ¿por qué yo no?

Es cierto que la sociedad nos muestra modelos de superación personal muy inspiradores y motivantes. Eso es bueno. Las personas necesitamos motivarnos, necesitamos soñar, pero con los pies en la tierra. No siempre contamos con los recursos, las habilidades o el tiempo para llevar a cabo el objetivo. También debemos tener en cuenta que, tras el discurso de superación personal, no se muestra toda la realidad. Que, para llegar a ese ansiado sueño, ha habido horas de sacrificio y de trabajo, muchas renuncias personales, muchos noes y muchos momentos complicados en los que se ha estado a punto de tirar la toalla. No siempre la versión que nos ofrece la persona que ha conseguido ese éxito se ajusta cien por cien a la verdad. A veces está edulcorada o no entra en los malos momentos, y seguro que los ha habido. Con esto no digo que no sea bueno inspirarnos en historias de terceros, sino que hay que hacerlo desde la realidad, siendo conscientes de las horas de esfuerzo y el sacrificio que conlleva y estando dispuestos a realizarlo.

Por otro lado, por cada modelo de éxito, ¿cuántas personas no lo han conseguido? Esas no salen reflejadas en la prensa y no nos fijamos en ellas. Sin embargo, son la gran mayoría. Quizá sea el momento de replantearnos el objetivo, intentar conseguir la meta, pero disfrutando de cada paso, y que el sueño se centre más en el camino —es decir, en el proceso— y no tanto en el resultado.

Otro mensaje que hemos de analizar es el de que no debemos conformarnos con lo que tenemos y que continuamente hay que salir de nuestra área de confort. ¿En realidad es necesario estar enfrentándonos siempre a nuevos retos para ser feliz? Desde luego que no. Conseguir crecer tanto en el ámbito profesional como en el personal es bueno. La emoción del orgullo y de la satisfacción es muy placentera, y es algo que todos podemos lograr. Es relativamente fácil si nos centramos en hacer las cosas lo mejor posible, atendiendo a las circunstancias personales.

Es decir, habrá días que estemos en plenas facultades y las cosas nos salgan de diez, y otros, sin embargo, que por lo que sea no estamos tan bien y nos salgan de seis. Si ponemos el foco en que lo hicimos lo mejor posible, sabiendo lo que podemos mejorar, pero sin fustigarnos por no haberlo hecho perfecto, conseguiremos sentir ese orgullo y esa satisfacción.

La idea de salir del área de confort está muy bien para conseguir un ascenso o superar un nuevo reto, pero sin olvidarnos que lleva ese nombre porque es donde sentimos que controlamos la situación, que las cosas nos salen con relativamente poco esfuerzo, donde disfrutamos de calma y de paz.

Estar en el área de confort ni es malo ni significa que seas menos que los demás porque no persigues tus sueños. Vivir en calma y sentir que controlas tu vida también forma parte de ese sueño.

La vida cambia y las circunstancias también, y una de las variables que más te van a ayudar a conseguir el bienestar emocional es la flexibilidad. Es preciso entender que en un momento dado te apetezca salir de esa área de confort porque tienes las fuerzas y las energías necesarias, y porque, además, tu vida personal está relativamente controlada. Sin embargo, habrá otros momentos en los que prefieras disfrutar de esa área de confort porque tienes otro objetivo en mente, como puede ser disfrutar más de la vida o porque la situación que estás viviendo no te lo permite —por ejemplo, por un problema personal o familiar—.

Alcancé mi sueño, ¡pero no era lo que me esperaba!

En otras ocasiones decidimos ir a por todas, salir y conquistar nuestro objetivo, pero nos damos cuenta de que no nos gusta lo que hay allí. Nos demostramos que podemos conseguirlo y que somos capaces, y, sin embargo, no disfrutamos con lo que estamos haciendo, y eso afecta a nuestro bienestar emocional. Cuidado, porque hay personas que se quedan atrapadas en esa situación, ya que piensan que no pueden dar marcha atrás, que no pueden deshacer su camino, cuando en absoluto es así.

En consulta he visto a hombres y a mujeres que sacrifican mucho por llegar donde quieren y, cuando lo logran, no solo no se sienten bien —porque no disfrutaron como esperaban—, sino que, además, tienen la sensación de que si una vez conseguido renuncian a ello, nadie les entenderá, les juzgarán negativamente o quedarán mal ante los otros. En situaciones así es el momento de que analices varios aspectos:

¿Por qué quieres conseguir el objetivo? ¿Cuáles son los motivos?
A veces hacemos las cosas para demostrarnos a nosotros mismos y a los demás que podemos, y no es una buena idea, pues creeremos que «ya no somos dignos» tal y como somos.

No necesitas cambiar para conseguir la aprobación de los demás y, sobre todo, la tuya propia. No tienes que demostrar nada a nadie.

Otras, en cambio, deseamos conseguir un ascenso o un nuevo trabajo por un motivo económico, familiar, etc., y en ese caso tendremos que valorar si nos compensa el esfuerzo de la nueva situación frente a la contraprestación que recibimos. Y la única persona que lo tiene que valorar eres tú. Si a ti te compensa, ¡adelante! No necesitas dar explicaciones.

Y otras quizá nos encontremos en un paso intermedio del lugar donde realmente queremos llegar, y por eso no nos importa estar donde estamos durante un tiempo, porque sabemos que es una inversión para conseguir lo que queremos.

¿Podrías renunciar a ello?
Valorar si puedes volver al punto anterior es una opción tal válida como cualquier otra. En ocasiones se puede, y en otras, sin embargo, hacer el camino inverso es complicado, por lo que hay que buscar una nueva estrategia.

¿Qué es lo positivo de tu nueva posición?
Aprender a poner el foco en lo bueno es necesario si quieres incrementar el bienestar emocional.

¿Cómo te sientes en la nueva situación? ¿Cómo te sentías antes?
A la hora de tomar decisiones es importante atender tanto a la parte racional como a los sentimientos, que te proporcionarán una información muy valiosa y que debes tener en cuenta.

Entonces, ¿tengo que renunciar a mi sueño?

En ningún momento me gustaría trasmitirte esa idea, no creo que haya que renunciar a los sueños, pero sí ser realista respecto a los mismos y ajustar al máximo las expectativas para evitar frustraciones innecesarias. Para ello te propongo que vuelvas al templo de Apolo en Delfos: conócete a ti mismo. Realiza esta actividad durante unos días, reserva unos minutos diarios para reflexionar sobre las siguientes cuestiones:

- ¿Cuáles son las cosas que se me dan bien?
- ¿Con qué actividades disfruto cada día?
- ¿En qué soy realmente bueno?
- ¿Con qué cosas o con qué personas se me pasa el tiempo volando?
- Por el contrario, ¿qué cosas son las que menos me gusta hacer o con las que menos disfruto?
- ¿Y lo que no se me da bien?
- ¿Cuánto esfuerzo pienso dedicar a mi sueño?

Conocer estas respuestas te ayudará a saber si lo que tienes en la cabeza es una fantasía —me encantaría ser rico, me encantaría vivir en esta cuidad o en este país...— o si es un objetivo por el que merece la pena luchar. Esta última opción traerá como consecuencia un plan de acción determinado y poner todas tus fuerzas y tu empeño no tanto en conseguirlo, sino en ir aprendiendo y disfrutando del camino.

En definitiva, busca ser la mejor versión de ti —no ser el mejor— y no te dejes llevar por las presiones o estereotipos sociales, incluida la idea de ser feliz. Se trata de vivir en equilibrio, en paz contigo mismo. Y sobre todo saber que puedes cambiar de opinión y que quizá lo que ayer te proporcionaba sentimientos placenteros, hoy no. La vida cambia y nosotros con ella, por eso es tan importante irnos reajustando en todos los niveles, incluido el emocional.

3

No me entiendo ni a mí mismo, ¿qué me pasa?

¿Cuántas veces en la vida nos damos cuenta de que estamos hechos un lío, que no sabemos lo que nos pasa? Tenemos claro que no nos encontramos bien, pero cuando nos preguntan, no sabemos explicarlo, no conocemos la causa, y es que... ¡cuánto cuesta entenderse!

Quizá sería más fácil si aprendiésemos a escuchar a nuestro cuerpo, qué es lo que nos quiere decir, y en este sentido las emociones tienen un papel protagonista. Estamos poco acostumbrados a fijarnos en lo que sentimos, a tratar de interpretarlo, a darle un nombre y una explicación. No es una tarea fácil para la que, además, apenas hemos recibido entrenamiento. Sin embargo, todos podemos aprender a interpretar nuestras emociones, pero antes hay un requisito primordial: permitir sentirlas.

Marc Brackett, director del Yale Emotional Center, nos explica de forma clara en su libro *Permiso para sentir* cómo las emociones son información. Nos dicen que nos ocurre algo, sin embargo, pocas veces estamos dispuestos a escucharlas porque requiere una inversión de tiempo y, sobre todo, nos da miedo lo que podamos encontrar dentro de nosotros. Estamos tan poco acostumbrados a hacer esta labor de introspección que la mera idea produce vértigo. Buscamos un sinfín de excusas para no hacerlo —«No tengo tiempo», «Hay cosas más importantes que hacer», «Las emociones no son esenciales, mejor aprender a obviarlas y seguir con nuestra vida»...—. Pero ¿de verdad esto es posible? La respuesta es no. Lo queramos o no vamos a sentir, porque así viene preparado el cerebro humano.

**Si las emociones forman parte de la vida,
¿por qué no aprendemos a ponerlas a nuestro
favor en lugar de en nuestra contra?**

Si poner el cerebro en modo «emoción apagada» fuese posible, nunca hubiésemos fallado un examen por los nervios, no hubiésemos metido la pata en una cita por falta de seguridad, el trabajo no se vería afectado por los problemas en la vida personal o a la inversa. Las emociones nos afectan mucho más de lo que pensamos, y no es tan fácil controlarlas, porque para eso debemos conocerlas, identificarlas, aceptarlas e interpretarlas para, a partir de ahí, poder manejarlas. Las habilidades emocionales se aprenden y se pueden mejorar con independencia de la edad. Es algo en lo que todos podemos mejorar.

A partir de hoy, en lugar de intentar poner el cerebro en modo avión, ¿por qué no aprendemos a manejar las emociones para ponerlas a nuestro favor?

Mostrar lo que siento es de débiles

Esta idea ha hecho mucho daño a la educación emocional. Es cierto que nuestro instinto animal nos incita a ocultar nuestra vulnerabilidad, dado que es una forma de protegernos. Lo hacen los animales en estado salvaje y nosotros también. Pero a este hecho se le añade la creencia de que, si mostramos lo que sentimos, se nos va a tachar de débiles —o de blanditos—, y que en la vida es mucho mejor no mostrar las emociones, como si se tratasen de un as en la manga que podemos utilizar para ganar una partida. Esta creencia no es cierta.

Ocultando las emociones perdemos, en primer lugar, una información muy útil para entender lo que nos ocurre y para tomar buenas decisiones. El estado emocional influye en todo lo demás, incluida la salud física. Cuando negamos las emociones, nos autoengañamos diciéndonos que estamos bien, que no nos ocurre nada, pero las emociones no desaparecen, sino que terminan mostrándose en forma de enfermedades somáticas, como molestias gastrointestinales, dolores de cabeza, erupciones en la piel... Cuando el médico nos dice que tenemos algo somático no significa que nos lo estemos inventando o que no duela, significa que la causa no es orgánica, no es que algo no funcione bien en el organismo, sino que la causa es emocional: lo que estamos sintiendo de manera continuada irrita de tal modo al organismo que termina enfermando. El dolor es el mismo que cuando hay una causa física, pero el origen está en los sentimientos y, por tanto, es ahí donde tenemos que incidir para solucionarlo. Podemos parchearlo con analgésicos y otros medicamentos, pero sin trabajar el origen es imposible que lo solucionemos.

En segundo lugar, hay que ser muy fuertes y valientes para mostrarnos vulnerables, para mostrar que no somos de piedra, que somos de carne y hueso y que estamos hechos de emociones. Y que, por tanto, somos capaces de enseñar lo que sentimos. Eso implica reconocer nuestras emociones, aceptarlas y no juzgarnos por sentirnos así. Se trata de entender que no somos menos que nadie por sentir tristeza, enfado, frustración..., que es normal, y que tal y como somos, tal y como nos sentimos, somos suficientes. No queramos cambiar por satisfacer a nadie, probemos a entendernos y tratarnos con la misma amabilidad y dulzura que lo hacemos con las personas que nos quieren.

El objetivo es aprender a leer las emociones, no taparlas, saber interpretarlas, qué es lo que nos quieren decir, ya que con ello conseguiremos entender lo que nos ocurre y también a nosotros mismos. Al ignorarlas, lo único que conseguimos es que se hagan más intensas, y que, por no querer que interfieran en nuestro trabajo o en nuestro hogar, finalmente lo hacen aún más. Todo esto se puede solucionar adquiriendo las habilidades emocionales precisas, y eso requiere conocimiento. Empezando por adquirir un vocabulario emocional básico.

Somos analfabetos emocionales. Carecemos del léxico necesario para nombrar lo que sentimos. Y el primer paso para manejarlo es nombrarlo, atendiendo a los diferentes matices de cada una de las emociones.

Aprendiendo sobre las emociones

¿Te has parado a pensar alguna vez qué es una emoción? ¿Sabrías definirla? ¡Qué difícil! Las emociones son las manifestaciones fisiológicas que ocurren en el cerebro frente a un estímulo, que puede ser externo o interno.

- Son subjetivas; es decir, cada uno siente la emoción que su cerebro ha decidido, por eso nadie puede y debe cuestionarnos lo que estamos sintiendo.
- Son involuntarias y conscientes; es decir, ocurren irremediablemente, aunque no queramos.
- Aparecen como respuesta a un estímulo interior —algo sucede en el propio organismo— o exterior.
- Son intensas y breves.
- Son contagiosas. ¿Cuántas veces no te has echado a reír al ver a alguien riendo?
- Como ya he explicado, son necesarias para la supervivencia.
- Están acompañadas de pensamientos y acciones.

Paul Eckman y otros psicólogos retomaron los trabajos de Charles Darwin sobre la universalidad de las emociones y concluyeron que hay seis que los humanos expresamos de forma muy similar con independencia del contexto cultural en el que estemos: alegría, tristeza, miedo, enfado, asco y sorpresa.

Son las denominadas emociones básicas y son universales. Se observan en todas las culturas, conllevan expresiones faciales específicas, un patrón fisiológico determinado, están asociadas a tendencias de acción distintas que sirven para hacer frente a una situación y se basan en sistemas cerebrales especializados y diferenciados, tanto funcional como anatómicamente. Además, son primitivas filogenéticamente —compartidas con otras especies— y ontogenéticamente —presentes en periodos tempranos del desarrollo—. No obstante, en nuestro repertorio también están las emociones complejas —como pueden ser la envidia, los celos, la frustración, la euforia, la nostalgia, el remordimiento...—. Este tipo de emociones son sociales, surgen en un contexto determinado y están vinculadas a las normas sociales y culturales. Las tendencias de acción que conllevan tienen importantes implicaciones interpersonales.

¿Existen las emociones malas?

Esta es otra de las creencias que más se escuchan respecto a las emociones. Que se clasifican en buenas y malas. Algo completamente falso.

No existen las emociones malas. Todas son buenas, porque todas nos dan información.

Lo que ocurre es que hay emociones que nos gusta sentir porque nos producen una sensación agradable y placentera, las llamadas positivas o agradables, como puede ser la alegría, la calma, la satisfacción, la esperanza... y las emociones que a nadie le gusta experimentar, denominadas desagradables o negativas, como el enfado, la rabia, el asco, el miedo, la frustración... Sin embargo, como he dicho, todas son necesarias, pues nos ayudan a comprender mejor lo que nos está ocurriendo y tienen una utilidad muy clara.

Quizá nos cueste entender la utilidad de las emociones desagradables, pero son tan importantes que si no existiesen nos habríamos extinguido como especie. Veamos algunos ejemplos.

El miedo

Es fundamental para la supervivencia. La emoción del miedo pone a todo nuestro mecanismo en alerta: empezamos por bombear más sangre —por eso sentimos taquicardia—, hay más intercambios de oxígeno con dióxido de carbono, se tensan los músculos... para que ante cualquier situación de peligro podamos huir. La huida es un mecanismo de defensa básico que compartimos con los animales. Si no hubiéramos sentido miedo cuando vivíamos en las cavernas, en lugar de protegernos de los depredadores nos hubiésemos acercado a ellos. ¿Qué crees que hubiese ocurrido si hubiera sido así? Exacto, el ser humano ya no existiría.

El problema surge cuando se trata de miedos irracionales; es decir, la emoción se activa ante situaciones que no son potencialmente peligrosas, sino que muchas veces son suposiciones que aparecen en nuestra mente. Veremos cómo identificarlas en la segunda parte del libro, cuando hablemos del estrés y la ansiedad.

El enfado

Sirve para defender nuestros derechos. Es una emoción desagradable en la que el cuerpo se activa con el fin de defendernos. Sin esta emoción sería complicado que nos indignásemos ante las injusticias de la vida y que luchásemos por nuestros derechos. Por tanto, la emoción del enfado es buena, lo difícil es saber gestionarla. Ya nos lo decía Aristóteles: «Cualquiera puede enfadarse, eso es algo muy sencillo. Pero enfadarse con la persona adecuada, en el grado exacto, en el momento oportuno, con el propósito justo y del modo correcto, eso, ciertamente, no resulta tan sencillo».

El asco

Nos ayuda a no intoxicarnos. Si no sintiésemos dicha emoción, seguramente tomaríamos comida en mal estado y quizá comprometeríamos nuestra salud física. De nuevo, el problema viene con la interpretación que hacemos y quizá estemos etiquetando el asco para situaciones que no corresponden —por ejemplo, hacer tareas que nos desagradan o que nos disgustan—.

La tristeza

Es una emoción desagradable en la que ocurre lo contrario que en las tres anteriores: la energía del cuerpo disminuye con el objetivo de poder hacer una labor de introspección y así asimilar una pérdida, no solo de una persona o de algo que queríamos, sino también, por ejemplo, de una expectativa o una ilusión. De hecho, muchas veces es la tristeza y no la alegría la que nos ayuda a resolver un problema difícil.

Solo hemos hablado de las emociones primarias desagradables y de su función para entender que no son malas, que son información y, sobre todo, que son básicas para la supervivencia. No obstante, profundizaremos más adelante en el resto de las emociones, tanto las desagradables, para aprender a manejarlas, como las agradables, para conocer cómo potenciarlas. Distinguiendo entre las primarias —aquellas que están presentes en todas las culturas e incluso en otras especies animales— y las complejas, que se producen en un determinado contexto cultural y surgen de la interacción social.

Dejando espacio a las emociones, aprendiendo a identificarlas y conociéndolas mejor, podrás comprenderte mejor a ti mismo.

El origen de la infelicidad

Uno de los errores más comunes que cometemos en la educación es sobreproteger a los niños, de tal forma que procuramos evitar que sientan cualquier emoción desagradable. Algunos padres malinterpretan el amor y piensan que es mejor proteger a sus hijos de cualquier emoción desagradable, o intentan protegerse a ellos mismos del dolor que les causa verlos sufrir. La idea que muchas veces está detrás de esta forma de actuar es creer que la vida es muy complicada y que ya tendrán tiempo de sufrir, que, mientras puedan, intentarán que disfruten y que sean lo más felices posibles. Sin embargo, cuando hacen esto, no son conscientes de que bajo esa filosofía no están permitiendo a los niños aprender a regular sus emociones desagradables y, cuando estas aparezcan, no sabrán qué hacer.

Cuando el adulto en lugar de validar esta emoción y explicársela lo que hace es decirle al niño: «No pasa nada, no llores, no estés triste, no te enfades», está impidiendo que desarrolle correctamente su inteligencia emocional —cuando ante la pérdida de un juguete se repone por otro para evitar que lo pase mal o cuando para que se le pase rápido el disgusto le da el móvil—. De esta forma solo conseguirá anestesiarle emocionalmente. Es mejor aprovechar las pequeñas situaciones del día a día para hacer esa educación emocional. Ante el ejemplo anterior, es conveniente que hagas tres cosas:

1. Nombra la emoción. «Estás triste» y valídala, «Es normal sentirse triste», evitando cualquier juicio.

2. Explica la causa. «¿Porque perdiste tu juguete?».Y así trabajar la comprensión emocional.

3. Busca una solución. Invita al niño a pensar: «¿Qué se te ocurre que podemos hacer para arreglarlo?», o dale pistas si no llega a la solución. «Mañana puedes ir a buscarlo a objetos perdidos del colegio. Podemos pedir otro juguete cuando llegue tu cumpleaños».

Los especialistas recomendamos validar las emociones con frases como: «Entiendo que lo que te pasa es que estás triste o enfadado». Añadimos la causa, el motivo por el que creemos que ha ocurrido esto, por ejemplo: «Estás enfadado porque querías seguir jugando en lugar de ir a la ducha», y a continuación proponemos una estrategia de regulación emocional: «Vamos a ducharnos rápido para poder disfrutar de otro momento de juego antes de cenar».

No se trata de hacer sufrir a los niños inútilmente ni de frustrarles de forma gratuita para que aprendan, eso sería una barbaridad, sino de permitirles sentir sus emociones sin juzgarles, enseñarles a identificar lo que sienten, comprender la causa y la consecuencia de su emoción y explicarles cómo regular sus emociones. Habilidades de la inteligencia emocional que desde niños pueden aprender.

En mi trabajo veo a jóvenes a los que les cuesta regular sus emociones y se quedan completamente bloqueados cuando no se encuentran bien. Muchos de ellos incluso llegan a verbalizar que sienten que sus padres se lo pusiesen todo tan fácil, porque, por un lado, les ha impedido desarrollar estrategias y recursos para la vida, y, por otro, no han aprendido a entenderse a ellos mismos, apenas se conocen y no disponen de habilidades para manejar las situaciones.

Acompaña a tus hijos en su desarrollo emocional. Permíteles que sientan, no juzgues sus emociones y aprende a validarlas. De esa forma conseguirás que desarrollen correctamente sus habilidades emocionales.

4

Cómo puedo ser feliz si tengo días malos

Todos, incluso la persona que se declare como la más feliz del mundo, va a tener días malos. Va implícito en la condición humana. Como ya he comentado, estamos hechos de emociones, tanto agradables como desagradables, y ambas son necesarias para la supervivencia. La diferencia está en saber interpretarlas, entender lo que nos dicen, para, a partir de ahí, regular las segundas y potenciar las primeras. De nuevo, la posibilidad de ser feliz va a depender de lo que entendemos por felicidad. Si partimos de una idea de felicidad hedónica, asociada al placer y al disfrute, será poco probable que los días malos —en los que no estamos en modo disfrutar—, podamos definirlos como felices. No obstante, tampoco debemos plantearnos que la perspectiva hedónica de la felicidad sea incorrecta. A todos nos gusta disfrutar de una buena comida, de una charla con amigos, de un viaje en el que conocer nuevas culturas… Es una muy buena fórmula para conseguir bienestar que todos podemos practicar. Sin embargo, la felicidad desde la perspectiva eudaimónica no reduce el concepto de bienestar al placer, sino que lo amplía a la actuación del potencial humano, entendiendo como bienestar el crecimiento personal, las relaciones positivas, la autoaceptación o la autonomía. Si lo pensamos, nos sentimos felices cuando hacemos actividades agradables que nos gustan, pero la sensación de felicidad aumenta cuando tenemos claros los valores, los objetivos, cuando sentimos que estamos en el camino correcto y vemos que cada día avanzamos. La sensación de crecimiento y de superación personal tiene una contribución significativa en el bienestar emocional.

Cuando entiendes que el bienestar emocional no solo está asociado a sentir alegría, a los momentos de placer y de disfrute, y que la sensación de estar alineado con los valores, con las creencias y la autoaceptación también aportan bienestar, estás preparado para entender que puedes ser feliz pese a tener días malos.

El problema surge cuando no es un momento malo, sino una racha en la que nos cuesta experimentar sensaciones agradables y no somos capaces de encontrar, aunque sean pequeños instantes de bienestar, en el día a día.

No se trata de suprimir o ignorar las emociones, que, como ya hemos visto, es imposible —porque la parte del cerebro encargada de ellas se va a activar queramos o no; además de que sería poco recomendable, por los problemas de salud que ello acarrearía—, sino todo lo contrario: aprender a interpretarlas, nombrarlas y comprenderlas para poder regularlas.

¿Qué es la inteligencia emocional?

Cuando no nos sentimos bien queremos «taparlo» rápido y que todo cambie. Nos da miedo abrirnos y permitir sentir las emociones. El problema de hacerlo así es que estamos perdiendo mucha información y que lo más probable es que hagamos un cierre en falso.

Cuando te caes y te haces una herida, no corres a poner una tirita o, en el caso de que sea más profunda, puntos de sutura lo más rápido posible. Primero la limpias y la desinfectas para que así pueda cicatrizar correctamente. Es cierto que duele, que escuece, pero es necesario, dado que, de lo contrario, la herida se infectará y habrá que abrirla más tarde para limpiar la infección. Con las heridas emocionales ocurre lo mismo. Primero se limpian y de desinfectan; es decir, trabajamos en la percepción y la comprensión emocional para después cerrarlas, que sería el proceso de regulación emocional. Todo esto son habilidades que pueden entrenarse y que están recogidas en el «constructo» de inteligencia emocional.

Muchas personas piensan que la inteligencia emocional es algo novedoso, que, además, se ha puesto de moda hace relativamente pocos años. Sin embargo, ya he mencionado a Aristóteles, y Platón también decía que todo aprendizaje tenía una base emocional.

El estudio de las emociones lleva más de un siglo entre nosotros. De hecho, Charles Darwin hablaba en su *Teoría de la evolución de las especies* de su importancia. Según Darwin, los individuos que más probabilidades tenían de sobrevivir eran los que más se adaptaban al medio —«No es la especie más fuerte la que sobrevive, ni la más inteligente, sino la que mejor responde al cambio»— y para eso las emociones son fundamentales, dado que contienen una información valiosa y activan una conducta adaptativa fundamental para la especie.

Ha habido grandes investigadores que han puesto en relevancia la trascendencia de las emociones, como Edward Thorndike, con sus estudios sobre la inteligencia social; Robert Sternberg, con su teoría de la inteligencia exitosa; Howard Gardner, con las inteligencias múltiples... En el año 1990, Peter Salovey y John Mayer publicaron su teoría sobre la inteligencia emocional, la cual ha servido de fundamento académico de la mayor parte de investigación sobre este constructo. Estos autores entienden la inteligencia emocional como una serie de habilidades que todos podemos adquirir. La primera es la percepción emocional; la segunda, la facilitación emocional; la tercera, la comprensión emocional; y la cuarta, la regulación emocional. Es decir, para regular una emoción previamente habremos necesitado reconocerla, nombrarla de manera correcta, entender cuál ha sido su causa, qué consecuencias ha tenido y haber comprendido la información que la emoción nos da para poder utilizarla.

Cada día en mi trabajo veo personas de todas las edades que tienen un problema con la regulación de sus emociones y, o bien no lo expresan y terminan surgiendo los problemas somáticos de los que ya he hablado, o cuando lo hacen adquiere la forma de un estallido emocional en el que pierden el control y dicen y hacen cosas de las que luego se arrepienten. Cuando evaluamos y realizamos un análisis en profundidad, vemos que en ocasiones el problema parte de la primera habilidad, la incapacidad para reconocer y expresar correctamente lo que sentimos. Y eso es básico. Es imposible manejar una emoción que no sabemos que nos está influyendo.

Para tener éxito a la hora de manejar las emociones el primer paso es saber reconocerlas. Conocer más sobre ellas nos ayudará en este proceso.

Los verbos de la emoción

Cuando hablamos de emoción utilizamos el verbo «sentir». No obstante, hay otros verbos asociados, como «notar», que hace referencia a las sensaciones, a los cambios fisiológicos que detectamos en el cuerpo; «pensar», que se refiere a los pensamientos que acompañan a las emociones, a las reflexiones que nos pasan por la mente; y «hacer», que lo utilizamos para las acciones, las conductas que llevamos a cabo, como consecuencia de dicha emoción.

Para conocer en profundidad las emociones he recogido, a modo de resumen, estas tablas en las que se especifican las sensaciones, conductas y pensamientos más comunes en cada emoción. Conocerlas te ayudará a mejorar tu percepción y comprensión emocional.

Alegría		
Pensamiento	Conducta	Sensaciones
«Qué bueno esto que me ha pasado». «Cómo me gusta». «Conseguí mi objetivo». «He aprobado». «Me han dado la enhorabuena». «Soy bueno».	· Aproximación a algo que nos hace sentir bien. · Sonrisa plena o Duchenne (incluye los ojos, por eso se forman arrugas). · Saltar. · Reírnos. · Cantar y bailar.	· Incremento de la energía corporal. · Aumento de la tasa cardiaca. · Calor (experimentado como agradable). · Sensación agradable en el pecho. · Postura relajada pero firme.

Tristeza

Pensamiento	Conducta	Sensaciones
Pensamientos catastróficos y repetitivos sobre algo desagradable que nos ha ocurrido: «No tengo ganas de hacer nada». «Me ha salido todo mal». «No me esperaba esta situación». «Me han tratado muy mal». «He perdido algo o alguien».	• Llorar. • Dormir. • Tirarse en la cama. • Alteraciones en la conducta alimentaria: comer en exceso o inapetencia.	• Ausencia de tono muscular y falta de energía. • Introspección. • Descenso de la tasa cardiaca. • Dolor en el pecho.

Miedo

Pensamiento	Conducta	Sensaciones
Relacionados con una amenaza: «Estoy en peligro». «Tengo que irme». «No tengo controlada esta situación». «No sé qué va a ocurrir».	• Huida/escape (correr). • Evitación. • Estar alerta. • Ojos muy abiertos. • Rostro pálido. • Ir al baño. • Comprobaciones. • Buscar información para resolver un problema o situación.	• Tensión muscular sobre todo en las piernas. • Las pupilas se dilatan. • Aumenta el ritmo cardiaco. • Las venas se contraen para enviar más sangre a los principales grupos musculares. • Respiración acelerada. • Sudoración. • Aumenta la presión arterial.

Asco

Pensamiento	Conducta	Sensaciones
Pensamientos relacionados con el rechazo: «Esto está en mal estado». «No tiene buena pinta». «Puaj, ¡qué asco!».	• Observar, oler y tocar. • Rechazo. • Evitación. • Arrugamos la cara.	• Aumenta el ritmo cardiaco. • Los músculos se tensan. • Aumenta la actividad gastrointestinal. • Náuseas.

Enfado

Pensamiento	Conducta	Sensaciones
Pensamientos relacionados con situaciones con las que no estamos de acuerdo: «No es justo». «No me parece bien esto que ha hecho mi amigo». «Estoy en desacuerdo con lo que ha dicho el profesor».	• Apretar los dientes. • Gritar. • Pegar. • Agredir • Insultar. • Poner mala cara.	• Aumenta el ritmo cardiaco. • Los músculos se tensan. • Respiración acelerada. • Aumenta la presión arterial. • Aumenta la temperatura corporal.

Sorpresa

Pensamiento	Conducta	Sensaciones
«No me esperaba esto». «Pensaba que iba a ser diferente».	• Abrir mucho los ojos. • Observar bien lo que va a pasar. • Estar pendiente de algo. • Hacer que algo ocurra antes de lo previsto.	• Aumenta el ritmo cardiaco. • Los músculos se tensan. • Respiración acelerada.

Vergüenza		
Pensamiento	Conducta	Sensaciones
Pensamientos catastróficos y repetitivos acerca de ser juzgado por los demás: «Si hago esto, mis compañeros van a pensar mal de mí». «Si actúo de tal forma, se van a reír de mí». «No puedo hacer esto, porque todo el mundo se me echaría encima».	• Evitación. • Huida. • Enrojecimiento de las mejillas. • Dejarse influenciar por los demás. • Ocultar lo que uno siente o piensa.	• Calor. • Palpitaciones. • Dolor de barriga. • Presión en el pecho. • Tensión muscular.

Culpa		
Pensamiento	Conducta	Sensaciones
Pensamientos negativos sobre nosotros mismos debido a que hemos podido hacer mal a alguien. «He sido muy injusto». «No me merezco esto bueno que me ha pasado». «Soy una mala persona». «Es culpa mía». «Le debo una disculpa a mi familiar».	• Disculparse. • Evitar ver a la persona a la que le hemos hecho daño.	• Dolor en el pecho. • Embotamiento mental. • Nudo en el estómago.

Envidia

Pensamiento	Conducta	Sensaciones
Pensamientos de inseguridad respecto a otras personas: «Yo soy mejor/peor que mi compañero». «Quiero tener lo que mi amigo tiene». «Me merezco esto más que otras personas». «No me merecía que me pasara esto, pero mi hermano sí».	· Menospreciar a otras personas. · Agresividad. · Competitividad.	· Palpitaciones (experimentadas de forma desagradable). · Calor. · Presión en el pecho.

Enamoramiento

Pensamiento	Conducta	Sensaciones
«Estoy muy a gusto con esta persona». «Me podría pasar mil horas junto a esta persona». «Siento que esta persona es muy parecida a mí».	· Aproximación a una persona. · Besar. · Acariciar. · Usar palabras bonitas. · Ayudar a la persona.	· Calor (experimentado de forma agradable). · Palpitaciones (experimentadas de forma agradable). · Sensación de seguridad. · Mariposas en el estómago. Atracción.

Emoción y sentimiento, ¿es lo mismo?

Aunque los utilicemos como sinónimos, emociones y sentimientos no significan lo mismo. Las primeras son las reacciones fisiológicas que tiene el cerebro ante los estímulos, como ya he dicho antes, son muy breves e intensas.

Lo que perdura en el tiempo son los sentimientos. Estos surgen de la interacción de las emociones con los pensamientos, es el resultado del procesamiento que el cerebro hace de la experiencia que hemos vivido. Son menos intensos que las emociones, más racionales y más duraderos. Cuando se mantienen en el tiempo, entonces hablamos de estado de ánimo.

¿Cómo no me dejo atrapar por la emoción?

Una vez que somos capaces de reconocer la emoción, de comprenderla —es decir, de saber su causa y sus consecuencias—, de nombrarla de forma correcta —entendiendo que no es mala, que es información sobre lo que nos ha pasado—, llega el momento de aprender a manejarla y para ello necesitaremos estrategias de regulación emocional.

La regulación o el manejo emocional es la última habilidad de la inteligencia emocional, la más compleja de todas y para la que son necesarias las anteriores. Hasta ahora lo hemos hecho de forma inconsciente, en ocasiones con más éxito que otras. Y es que todos nos hemos dejado llevar en algún momento por la emoción y quizá hicimos o dijimos algo de lo que luego nos arrepentimos. Y no todos los días reaccionamos de la misma manera. Depende de lo que hayamos sentido, pero también del contexto y de cómo lo hemos interpretado. Por eso, para regular las emociones, es necesario primero percibirlas, entenderlas y comprender por qué han ocurrido, expresarlas correctamente y aceptarlas. Lo que ocurre es que no es tan fácil, no vamos procesando la información de forma organizada y secuenciando nuestros pasos de modo ordenado. Vamos un poco sobre la marcha y a veces empezamos a regularnos incluso antes de ser conscientes de la emoción. Por ejemplo, cuando respiramos de manera profunda mientras escuchamos cómo el jefe nos cuenta que tenemos que repetir el informe realizado porque el cliente ha decidido cambiar de perspectiva. En este caso, ya estamos intentando mantener la calma incluso antes de ser conscientes de la emoción de la ira. Si no consiguiésemos frenar esa rabia que nos entra, la respuesta sería más agresiva que asertiva y podríamos decir algo que nos hiciera recibir una amonestación en el trabajo. La regulación emocional nos da permiso en primer lugar para sentir. Etiquetar la emoción, ponerle nombre y no juzgarnos por lo que estamos sintiendo. Este último punto es el que más nos cuesta.

Yo muchas veces me encuentro en la consulta a pacientes cuyo problema no es la emoción, sino lo que ellos interpretan y juzgan sobre la misma. Creen que no se sienten de la forma correcta o se sienten culpables sobre sus emociones.

Todas las emociones son lícitas. Nadie, ni tú mismo, debería cuestionar cómo te sientes, porque las emociones son subjetivas.

Partiendo de este punto, dejemos de culpabilizarnos por nuestras emociones. Son, como digo, subjetivas, dependen de las interpretaciones y no deben ser juzgadas. Otra cuestión diferente es lo que hacemos. Ya he dicho que nadie puede juzgar las emociones, pero sí nuestras conductas. Por eso se trata de aprender a controlarnos y reaccionar de forma consciente, no dejarnos llevar por la emoción, que seamos víctimas de su secuestro y actuemos como sus prisioneros.

Regular las emociones no siempre implica cambiarlas. En ocasiones, por ejemplo, ante la tristeza provocada por una pérdida, el objetivo puede que no sea recuperar la alegría, sino que para estar mejor nos basta con sentir que los amigos nos escuchan y nos acompañan en ese momento. Existen varias estrategias de regulación emocional que vamos a reunir en tres grandes grupos:

1. Las basadas en reducir la activación fisiológica provocada por la emoción; es decir, en las que calmamos el cuerpo.

2. Las que tienen un componente más cognitivo; es decir, trabajan con los pensamientos que muchas veces están en el origen del sentimiento.

3. Las conductuales; es decir, qué acciones podemos llevar a cabo para manejar la emoción.

Cómo calmarse y evitar que el corazón se me salga por la boca o el nudo en el estómago

Desde mi experiencia profesional puedo decirte que para mí la técnica estrella dentro de estas estrategias es la respiración diafragmática. Por sí misma constituye una excelente técnica de relajación, es fácil de aprender, se puede practicar en cualquier lugar, en cualquier momento, en la situación más insospechada, es gratis y, además, ¡funciona! No hace falta una postura concreta, ni encender velas ni buscar un momento especial. Basta con empezar a ser consciente de la respiración.

Empieza respirando lentamente por la nariz, siendo consciente de cómo entra el aire por las fosas nasales, y en lugar de dejar el aire en los pulmones, permite que baje de forma que se infle el abdomen. Retén el aire unos segundos y a continuación expúlsalo lentamente por la boca. Cuando respiras de esta forma se ralentiza el ritmo cardiaco. Se activa el sistema nervioso autónomo parasimpático —responsable de la relajación— inhibiendo el sistema simpático —responsable de la activación del organismo y del estrés—. Hablaré de ello con más detenimiento en la segunda parte del libro, en el capítulo dedicado a la ansiedad y el estrés. A la hora de practicarla es bueno evitar distracciones, como las pantallas, y centrarte en la respiración. Prueba a cerrar los ojos o entornar los párpados para facilitar el proceso. Inspira despacio el aire por la nariz en dos segundos. Dirige el aire al abdomen y retenlo durante otros dos segundos y termina expulsándolo muy despacio por la boca durante el doble de tiempo que estuviste inspirando —es decir, cuatro segundos—. Según vayas entrenando, podrás aumentar los tiempos y hacer tres, cuatro y así sucesivamente.

Como digo, es una técnica fácil de aprender y una vez que la has practicado te será de gran utilidad en situaciones de estrés, como cuando tengas que hablar en público, en un examen, en una situación complicada...

La relajación muscular progresiva de Jacobson es otra técnica muy conocida para conseguir relajar el cuerpo y de esa manera relajar y liberar la mente. Puedes hacer una relajación completa en la que vayas relajando todos los grupos musculares o hacer una versión corta, de unos diez minutos, en la que relajes los principales grupos musculares y que el resto se relajen por simpatía. Con esta técnica lo que vas a conseguir es bajar el ritmo de revoluciones del cuerpo y liberar la mente.

Existen otros tipos de relajación, como la autógena, en

la que vas sintiendo el peso del cuerpo, o las visualizaciones de imágenes relajantes. Puedes elegir la que más te guste o la que mejor se adapte a tus circunstancias.

Las técnicas de meditación en las que aprendemos a poner el foco en el presente y en el cuerpo y a liberar la mente también ayudan a regular las emociones. Hay muchas meditaciones, desde las que van realizando un escáner corporal —prestando atención a cada parte del cuerpo— hasta las basadas en la autocompasión, en las que sentimos las emociones sin juzgarlas, acogiéndolas y ablandándolas, diciéndonos lo que necesitamos escuchar en ese momento.

Un derivado de las técnicas de meditación son las bolas de nieve o botellas de la calma. Aunque son técnicas orientadas para niños, en mi experiencia me ha sorprendido lo bien que funcionan con los adultos. Muchos padres me cuentan que les gustó tanto cuando se lo expliqué a sus hijos que lo utilizan y les funciona muy bien también a ellos. De hecho, incluso lo hemos implantado en algunos cursos con directivos de empresas y les ayuda a despejar la mente para poder centrarse en su siguiente tarea.

La técnica es muy sencilla. Basta con agitar la bola de nieve o la botella de la calma y prestar atención a cómo la nieve o la purpurina cae. De esa forma el foco de atención está en la purpurina o en la nieve, no en darle vueltas a lo que ha ocurrido o a lo que estamos sintiendo en ese momento.

Cómo no entrar en modo centrifugadora

Los sentimientos están muy influenciados por la interpretación que has realizado sobre las emociones y las situaciones. Cuando hablamos de técnicas, como la reevaluación o la reformulación cognitiva, lo que hacemos es buscar una alternativa para evaluar la situación. Si eres capaz de verlo desde otro punto de vista, tus sentimientos cambiarán. Las técnicas de reestructuración cognitiva basadas en la terapia racional emotiva pueden ayudarte a cambiar la forma de ver la vida. Para ello, conocer las ideas irracionales y los pensamientos barrera —sobre los que hablaremos en la segunda parte del libro— puede serte de gran utilidad. Cambiar el foco atencional es algo que también te ayudará a regular las emociones y potenciar los momentos placenteros. En ello profundizaremos en la tercera parte del libro, dentro de las estrategias para aumentar el bienestar emocional.

Conductas para regular las emociones

Se trata de ver qué acciones te calman y cuáles son las que te activan. Implican un nivel de autoconocimiento importante. Una de ellas podría ser la evitación. Por ejemplo: «Sé que cuando viene esta amiga a nuestras quedadas discutimos, por tanto, me voy a sentar en el otro extremo de la mesa para así evitar la situación». La evitación no es una técnica aconsejable ante situaciones de miedo, porque lo que estamos haciendo es no exponernos al problema, y que el cerebro interprete que no somos capaces de conseguirlo o que la única forma de calmarse es no afrontando la situación temida. Sin embargo, para otras emociones, puede ser una estrategia válida. Si sé que cada vez que voy a un restaurante el camarero me hace sentir incómoda, quizá pierda mucho tiempo y energía enfrentándome a esa situación, por lo que bastará con cambiar el sitio al que vaya a comer.

Otras técnicas conductuales irían orientadas a hacer algo que ocupe tu atención, hacer cosas agradables, o aprender a solucionar los problemas. Lo veremos en el siguiente capítulo.

5

Potenciar las emociones agradables

Esta es la clave del libro. Si quieres sentirte mejor, debes saber que puedes potenciar las emociones agradables. Es una estrategia muy útil para incrementar el bienestar emocional. El problema es que no siempre sabemos cómo hacerlo. Nadie nos ha enseñado, por eso es normal que surjan muchas dudas. Sobre todo, porque no se trata de experimentar exclusivamente la alegría asociada al bullicio o al alboroto, existen muchas emociones agradables que son igual de fundamentales que la alegría —la calma, la serenidad...— que también hay que valorar y aprender a disfrutar.

La psicología positiva es una rama de la psicología que estudia cómo potenciar las emociones positivas o agradables. En lugar de centrarse en la patología, en por qué las personas desarrollan determinadas enfermedades y en cómo ayudarlas a resolverlas, se centra en estudiar por qué hay otros individuos que consiguen ese ansiado bienestar emocional.

La psicología positiva analiza cuáles son los elementos clave para lograr que la vida sea más satisfactoria, más agradable, con el objetivo de enseñar a toda la población a conseguirlo. Desde mi perspectiva de psicóloga sanitaria y educativa, ambas ramas son necesarias y complementarias, y no podemos afirmar que una sea mejor que la otra.

Conocer las emociones positivas

Ya he comentado que cuando hablamos de emociones positivas y negativas no significa que sean buenas o malas, sino qué sensación es agradable o desagradable; es decir, tienen una valencia afectiva positiva o negativa.

Dentro de las primarias y agradables tenemos la alegría. Es la emoción que más nos esforzamos por conseguir porque nos hace sentir bien, hace que se segreguen endorfinas que aumentan la sensación de placer y se generan sentimientos de satisfacción, agrado, gratificación y bienestar.

La alegría desarrolla la flexibilidad cognitiva; es decir, la capacidad para adaptarnos a los cambios del entorno. Facilita la resolución de problemas al permitirnos pensar más soluciones e incrementar la creatividad. Hace que nos sintamos seguros, lo que nos permite explorar, experimentar y nos ayuda a planificar y tomar decisiones. Es una emoción en la que la energía del cuerpo aumenta, y gracias a ella nos sentimos capaces de afrontar retos que con un estado de ánimo bajo nos parecerían inalcanzables. Se puede experimentar con diferentes tipos de intensidad —estar contento, jovial, gozoso, regocijado, entusiasmado, exaltado, dichoso, eufórico—. No obstante, existen más emociones agradables, las que denominamos complejas o secundarias, que, como ya he dicho, son la suma de varias emociones primarias y surgen en contextos sociales. Es decir, son emociones aprendidas, dependen del aprendizaje emocional de cada persona y del entorno cultural en el que se haya desarrollado su vida. No todas las personas ni en todas las culturas poseemos las mismas formas de disfrutar. No todas las emociones nos elevan el nivel de energía corporal. Así, tenemos emociones en las que la energía del cuerpo aumenta y otras en las que disminuye. Quizá hemos mitificado las primeras al pensar que lo importante era sentir alegría, entusiasmo, euforia, satisfacción, y no le hemos dado tanta importancia a las emociones agradables de baja energía como la calma, la seguridad, el equilibrio… cuando también la tienen y aportan efectos beneficiosos al organismo. Entre otras, tenemos las siguientes emociones agradables:

La diversión
La emoción que nos hace pasar el tiempo de forma placentera. Es el entretenimiento que proporciona realizar una actividad. Nos ayuda a ver la vida de manera más despreocupada y aparece cuando nos dejamos llevar por el humor, la sonrisa, los recuerdos gratos o estamos con personas que nos hacen disfrutar, ilusionarnos y vivir el presente de modo más intenso. Es lo opuesto al aburrimiento.

El entusiasmo
La energía que nos impulsa a enfrentarnos a nuevos proyectos. Nos ayuda a superar los obstáculos y los desafíos. Surge cuando algo nos causa interés, admiración o placer, y ayuda a la creación, ya que fomenta la imaginación, la

creatividad y la motivación. Nos conecta con las ganas de vivir y de hacer cosas. Lo opuesto es la apatía.

El deseo

Una emoción que aparece cuando algo nuevo —ya sea una persona, un objeto, un lugar...— nos provoca satisfacción y curiosidad. La intensidad es muy alta y hace que nos «movamos hacia ello», nos genera el anhelo de saciarlo. Lo contrario es la inapetencia.

La valentía

El valor es la voluntad para afrontar las situaciones difíciles o adversas, hace que venzamos los miedos y las dudas y actuemos con decisión y firmeza. No implica que el miedo desaparezca, sino que consigamos hacer lo que tengamos que hacer pese a tenerlo. Asumimos nuestro riesgo. La emoción opuesta es el miedo.

El orgullo

No es soberbia, es una emoción agradable que tiene que ver con el logro conseguido, cuando el objetivo superado ha implicado un sacrificio por nuestra parte, ya sea una inversión de tiempo, de paciencia o de superación. Hace que adquiramos confianza para enfrentarnos a nuevos retos. La emoción contraria es la vergüenza.

El amor

El conjunto de sentimientos que nos ligan a las personas, a las cosas, a las ideas... Abarca muchas emociones agradables, como la alegría, la diversión, la gratitud, el placer, la esperanza, el orgullo, la calma... Es la emoción que más moviliza la energía e implica una alta intensidad.

No solo se refiere al ámbito de pareja, sino al amor por la familia, por los amigos, por las actividades e incluso por nosotros mismos. Lo contrario es la antipatía.

La calma

Una emoción agradable y de baja energía; el cuerpo permanece relajado mientras disfrutamos de una situación sin preocupaciones. Cuando sentimos calma estamos del todo presentes, somos conscientes del momento evitando frustraciones. Además, fomenta la creatividad, la capacidad de exploración y está relacionada con los procesos reparadores del cuerpo. Implica la sensación de sentirse en paz, en armonía y equilibrio. Su contrario es la tensión.

La satisfacción

La sentimos cuando recibimos una valoración positiva de nuestro trabajo o hacia nuestra persona. Está muy relacionada con la sensación de plenitud y de bienestar. Tiene que ver con la sensación de éxito por los resultados logrados y nos ayuda a seguir avanzando. Lo contrario es la frustración, que tiene que ver con el desengaño y la decepción.

El agrado

Surge cuando experimentamos algo interesante, positivo, que merece la pena. La energía del cuerpo disminuye y produce sentimientos de bienestar, satisfacción o de estar contento. Es lo contrario al malestar.

El placer

Se trata de un sentimiento que surge al satisfacer plenamente una necesidad. Existen muchas fuentes de placer, desde las más fisiológicas hasta las intelectuales, lúdicas, estéticas... y, por supuesto, a los placeres emocionales. Se asocia con sentimientos de dulzura, calidez, deleite... Lo contrario es la amargura.

La esperanza

Surge cuando, pese a las circunstancias adversas, sentimos que lo que deseamos es posible. Tenemos la sensación de que las cosas pueden cambiar, que existen otras posibilidades. Sentimos confianza y convencimiento. Lo emocionalmente contrario es la inseguridad que nos lleva a la duda y a la desconfianza.

La compasión

Un sentimiento muy humano que aparece cuando comprendemos el sufrimiento de otra persona. Va más allá de la empatía, porque no solo entendemos su dolor, sino que deseamos aliviar o eliminar ese sufrimiento y queremos producir bienestar en la persona que lo siente. Nos sirve para generar calma y bienestar y potenciar las relaciones sociales. La emoción contraria a la compasión es la ira.

La gratitud

Surge cuando somos conscientes del favor que alguien nos ha hecho o nos ha querido hacer, de las cosas que tenemos que agradecer a la vida —salud, trabajo, familia, amigos, nuestras habilidades o la capacidad para superarnos—. Nos proporciona un estado de ánimo alegre y pleno, y nos ayuda a profundizar en las relaciones sociales por el deseo de reciprocidad, de devolver el bien que nos han hecho. Es lo contrario a la deslealtad.

¿Y qué pasa con la sorpresa?

La sorpresa se caracteriza por tener una alta energía de valencia neutra. Es decir, no es agradable ni desagradable. Es una emoción de muy alta intensidad y muy rápida. Nos protege y nos prepara para algo inesperado, nos pone en alerta. Es la emoción más breve de todas. Aparece cuando sucede algo novedoso, repentino e inesperado, y en cuanto sabemos lo que ocurre, se transforma en otra emoción. Por ejemplo, si se trata de un regalo, se transforma en alegría, o si es un bicho que corretea por la pierna, en asco.

Las emociones agradables o positivas son el antídoto de las desagradables. Es decir, te ayudan a neutralizar los aspectos negativos de las desagradables.

Beneficios

– Las emociones positivas son una fuente de comunicación. Gracias a las neuronas espejo somos capaces no solo de reconocer las emociones de los demás, sino de sentir lo mismo que ellos sienten. Por eso, cuando vemos a alguien asustado, sentiremos miedo; y al ver una sonrisa plena, alegría.

– Provocan sensaciones agradables asociadas con el bienestar emocional. Bajo su efecto segregamos dopamina y sentimos placer. Es una sensación adictiva que hace que busquemos disfrutar.

– Mejoran los procesos cognitivos. Nos permiten ver el mundo de una forma más real, analizando otras posibilidades y fomentando la resolución de problemas y la creatividad. Cuando estamos bajo los efectos de las emociones negativas, centramos la atención en el estímulo, lo que activa una red neuronal pobre. Sin embargo, bajo los efectos de las positivas, el estímulo es más débil, y se activa una red neuronal más importante en la que recordamos las experiencias vividas y los aprendizajes realizados. Además, nos hacen pensar más rápido y nos ayudan al proceso de toma de decisiones.

– Mejoran las relaciones humanas. El afecto positivo nos atrae y el negativo nos aleja de las personas. Nos ayuda a establecer nuevas relaciones y a profundizar en ellas.

– Mantienen la motivación y nos hacen persistir pese a los fracasos, a luchar por conseguir nuestras metas.

– Nos proporcionan resistencia al estrés. Cuando estamos bajo sus efectos, percibimos las situaciones como menos peligrosas y amenazadoras y más como desafíos.

– Ayudan a mantener los buenos hábitos de conducta, a cuidarnos más y mejor.

– Protegen la salud. Las emociones positivas contrarrestan la activación fisiológica provocada por las emociones desagradables, que puede incluso llegar a desencadenar enfermedades de tipo somático. Fortalecen el sistema inmune, haciéndonos menos vulnerables a enfermedades infecciosas y mejoran la evolución de la enfermedad.

¿Cuántas emociones agradables necesito sentir para compensar las desagradables?

Si observamos cómo funcionamos, solemos darle más importancia a las situaciones en las que hemos sentido tristeza, enfado, ira o cualquier otra emoción desagradable que cuando sentimos emociones agradables. ¿Por qué ocurre esto? Por la asimetría hedónica; es decir, las emociones desagradables duran más tiempo que las agradables y suelen llevar asociadas una mayor intensidad. Es por eso por lo que los principales investigadores sobre emociones positivas —como Barbara Fredrickson—, aconsejan que aspiremos a experimentar tres emociones agradables por cada una desagradable, para de esta forma neutralizar el efecto de estas últimas.

Para superar el golpe que nos deja una emoción desagradable necesitamos tres buenos momentos —o incluso más—. Por eso, lo ideal es conseguir esta relación de tres a uno, para compensar, y si queremos incrementar el bienestar emocional, lo ideal sería que las quintuplicásemos. De hecho, los estudios sobre parejas o equipos de trabajo que muestran un mejor funcionamiento son en los que se cumplen esta relación de cinco a uno.

¿Qué puedo hacer para sentir más emociones agradables?

Esta es la pregunta del millón, y seguramente la respuesta es más fácil de lo que te esperas: estar abierto a la posibilidad de disfrute, crear situaciones positivas y ser consciente de ellas. ¿Parece fácil, verdad? El problema es que con las prisas y las obligaciones diarias se nos olvida este propósito. Y no se trata en absoluto de desprendernos de nuestras obligaciones, sino de aprender a disfrutar en paralelo mientras cumplimos con ellas. En la tercera parte del libro ahondaré en lo que puedes hacer para incrementar tu bienestar emocional. No obstante, a continuación te propongo unas pinceladas para que, desde ahora mismo, puedas ponerlo en práctica.

Fomenta tu red social
Sabemos que las conexiones sociales —es decir, estar en contacto con personas diferentes con las que conversar— proporcionan momentos de alegría contagiosa.

Cuida a tu familia
Dado que es una las fuentes que más potencia tanto las emociones agradables como las desagradables, cuanto más consciente seas de tu forma de actuar con ellos, mejor será vuestra relación.

Comunícate de forma asertiva
Expresa tus opiniones, tus deseos y tus necesidades sin imponerlas y respetando que los demás pueden tener una diferente.

Expresa las emociones positivas
¡Sabemos que son contagiosas! Para ello es fundamental sonreír. La sonrisa plena genera afecto positivo en las personas que te ven, te hace parecer más atractivo, está relacionada con una mayor longevidad. ¡A qué esperas para sonreír!

Aprende a disfrutar y a no dar nada por hecho

En la vida cotidiana hay muchos pequeños momentos en los que sentimos emociones agradables, el problema es que no ponemos el foco en ellos. Sin embargo, cuando nos faltan, sí que los echamos de menos. Por ejemplo, el día que al levantarnos ha habido un problema con el agua caliente y nos tenemos que duchar con agua fría, ¿disfrutamos lo mismo de la ducha? ¿O nos duchamos como los gatos? Se trata, por tanto, de que cada día te pares un momento a disfrutar de esa ducha, sintiendo cómo el agua resbala por el cuerpo y siendo consciente de esa sensación agradable. O a disfrutar de ese primer café de la mañana. El objetivo es aprender a poner el foco en lo positivo.

Conoce las fuentes que te proporcionan emociones agradables

Las emociones positivas pueden venir de diferentes fuentes, como las cosas, las actividades o las personas con las que estás o tú mismo.

Practica la escritura expresiva

Escribir sobre tus sentimientos puede fortalecer tu salud física y mental. Además, te ayuda a conocer mejor tus emociones, a comprender su existencia y a regularlas, dado que te permite liberarte de ellas en una especie de catarsis. Se trata de escribir con las palabras precisas sobre lo que sientes para reconciliarte con ello e integrarlo en tu vida.

LOS ENEMIGOS
DE LA FELICIDAD

Esta segunda parte del libro la dedicaré a explicar los enemigos de la felicidad, a conocer cuáles son los principales obstáculos que te alejan del bienestar emocional y que te hacen sentirte desdichado, con el objetivo de ponerles freno. Aprenderás a ser consciente de cómo tú, muchas veces, eres tu principal enemigo. Tu forma de hablarte y de interpretar el mundo suele estar en el origen de muchos de los sentimientos desagradables.

Hagamos juntos una reflexión: ¿has llorado, reído o pasado miedo en una película? Me imagino que la respuesta es sí. ¿Y por qué? Todos sabemos que son actores y actrices y que no es realidad lo que vemos, y, sin embargo, sentimos lo mismo que los personajes. El cerebro es muy fácil de engañar. No tiene un filtro que le indique lo que es cierto y lo que no lo es. Nos emocionamos con la música, los libros, las historias, incluso solo, utilizando la imaginación.

La narrativa, la forma en la que te relatas el mundo, incide directamente sobre los sentimientos, por eso es tan importante aprender a interpretar la realidad de la manera más objetiva posible. Y para eso es necesario conocer los pensamientos automáticos, las ideas irracionales...

Emociones como el rencor, los celos o la envidia también te alejan de la felicidad. Dedicaré un capítulo a hablar de la ansiedad y del estrés tan presentes en nuestras vidas y aprenderemos cómo manejarlos.

6

La genética de la felicidad

Cuando hablamos de felicidad, la mayor parte de las personas piensan que lo que más podría llegar a condicionarla son las circunstancias que les ha tocado vivir, y se detienen poco a pensar en la genética.

¿Sabías que la genética tiene un peso más importante en la felicidad que las circunstancias?

Según la doctora Sonja Lyubomirsky, el cincuenta por ciento de la felicidad se debe a la genética, un diez por ciento a las circunstancias que vivimos y un cuarenta por ciento a la actividad deliberada. Es decir, todos poseemos una capacidad de mejoría de nuestra felicidad del cuarenta por ciento. ¿Qué podemos hacer para potenciar esta parte? Lo veremos en el tercer bloque del libro.

En este capítulo quiero centrarme en la parte hereditaria de la felicidad. Y es que, aunque te parezca increíble, la genética es más importante de lo que pensamos. Los estudios realizados con hermanos gemelos monocigóticos —aquellos que comparten el cien por cien de la carga genética— por investigadores, como los del equipo de Lykken y Tellegen, son reveladores, dado que muestran que los ingresos económicos suponen un dos por ciento en su bienestar y el estado civil tan solo un uno por ciento. Sin embargo, la genética tiene un peso del cincuenta por ciento. De hecho, la felicidad tiende a ser bastante estable a lo largo de la vida, a no ser que hagamos intervenciones dirigidas a incrementar nuestro bienestar emocional, y lo más útil para predecir la felicidad de una persona es saber cómo de feliz se sentía hace diez años.

Para controlar el efecto que el entorno —misma familia, amigos, tipo de educación...— podría tener en el bienestar de los gemelos se hicieron estudios con gemelos separados al nacer, tanto monocigóticos —que seguían compartiendo el cien por cien de la carga genética— como mellizos —comparten la misma carga que dos hermanos—, pero que han vivido en diferentes entornos. Cuando llegaron a la madurez, midieron su grado de bienestar y observaron que los niveles de felicidad de los mellizos —gemelos no monocigóticos; es decir, no comparten la misma carga genética— no correlacionaban entre sí, y, sin embargo, en los gemelos idénticos —que compartían el cien por cien de los genes— la puntuación obtenida en su bienestar emocional correlacionaba en un cincuenta por ciento pese a haber crecido en entornos diferentes.

Y es que los acontecimientos de la vida influyen en nuestro bienestar, pero solo durante un breve periodo de tiempo —algunos investigadores hablan de entre tres meses y dos años, en función del tipo de evento acaecido—, y luego tendemos a volver al nivel de bienestar basal. Sin embargo, sabemos la importancia que tiene la epigenética, cómo unos genes se apagan y otros se encienden en función de la vida que llevamos. Por eso los profesionales de la salud insistimos tanto en fomentar unos hábitos saludables. Uno de los principales enemigos del bienestar emocional es la depresión. En el caso de la depresión endógena —que es el caso más grave—, se ha descubierto que está relacionada con un gen determinado llamado 5-HTTLPR que tiene dos formas: una larga y otra corta. El alelo corto —«el malo»—, es el que se encarga de suprimir en el cerebro una sustancia necesaria para eludir los síntomas depresivos. Diversas investigaciones muestran que las personas que tienen el alelo corto es más probable que desarrollen depresión ante las situaciones estresantes o traumáticas de su vida. La variante del alelo corto de este gen es activada por un desencadenante que todos conocemos: el estrés, al que dedicaré un capítulo para entender su efecto y cómo podemos contrarrestarlo.

La genética importa, pero aun así todos podemos incrementar nuestro bienestar emocional en un 40 %. Céntrate en lo que puedes hacer para sentirte mejor.

Y la personalidad, ¿influye en mi bienestar emocional?

La personalidad influye en la capacidad de disfrutar. Así, sabemos que las personas extravertidas, es decir, aquellas a las que les gusta estar con más gente, cuyo mayor interés son las cosas externas a ellas, que son abiertas a compartir su vida, más dadas a conversar sobre lo que les ocurre o lo que sienten y a compartir con los demás, son más propensas a disfrutar de las emociones positivas y a responder con emociones agradables que las introvertidas y son menos reactivas a las emociones desagradables —les duran menos tiempo y alcanzan un menor grado de intensidad—. La introversión se caracteriza por centrar los intereses en los procesos internos —pensamientos, sentimientos y mundo interior—. Esto no quiere decir que existan variables de personalidad mejores ni peores, sino que la forma de disfrutar y de conseguir incrementar el bienestar emocional es diferente. Las personas introvertidas pueden disfrutar de las situaciones sociales, pero se cansan antes que las extravertidas, por eso tienden a reducir sus encuentros sociales, mientras que las extravertidas intentan maximizarlos. Los introvertidos tienen una sensibilidad equivalente a las emociones agradables que a las desagradables. Por eso es tan poco habitual verlos dando saltos de alegría como perdiendo los nervios por algo.

A los individuos con rasgos de neuroticismo —los que se preocupan por todo, les dan mil vueltas a las cosas, son muy reactivos emocionalmente; es decir, se desestabilizan con una mayor facilidad—, les cuesta más disfrutar de las emociones agradables y, sin embargo, reaccionan de forma desmesurada a las desagradables, lo que puede terminar generándoles ansiedad, problemas somáticos e inseguridad.

¿Puedo cambiar mi personalidad?

La personalidad es algo que no se cambia. Hay muchas personas que cuando acuden a terapia me piden cambiar variables estructurales de su personalidad. Aquí soy sincera y les explico que lo que podemos cambiar es la conducta; es decir, las cosas que hacemos, y a partir de ahí podremos incrementar nuestro bienestar emocional, sentirnos mejor e ir moldeando el carácter. Por ejemplo, alguien introvertido puede perfectamente acudir a un evento social y disfrutar del mismo. Si, además, tiene muy claro el objetivo que quiere conseguir en una determinada reunión —ya sea social o laboral—, puede convertirse en un excelente maestro de ceremonias. Pero si le das a elegir, preferirá quedarse en casa disfrutando de un libro, o una película, o pasar desapercibido en un evento social. Su forma preferida de pasarlo bien no es ser el centro de la fiesta, pero si se propusiese serlo, conseguiría hacerlo. Sin embargo, eso no significa que le vaya a gustar.

De igual forma, una persona extravertida puede disfrutar de estar tranquilamente en su casa, pero en cuanto pueda, saldrá a la calle en busca de interacción social, porque es su manera de conseguir una mayor satisfacción.

Como ya he comentado, conocernos a nosotros mismos tiene una gran importancia a la hora de incrementar nuestro bienestar emocional. Nos ayudará, no solo a ajustar el nivel de expectativas vitales, sino a saber qué cosas nos hacen disfrutar e incrementar nuestro bienestar emocional. A no dejarnos llevar por lo que está de moda o no juzgarnos porque no nos guste lo mismo que a nuestros amigos y amigas. Puede que una determinada serie tenga muy buenas críticas y muchos conocidos se hayan enganchado a ella, o que la gente hable maravillas de hacer manualidades, pero si tu personalidad es extravertida y, además, las destrezas finas no son tu punto fuerte, seguramente disfrutarás más quedando a tomar un café o llamando por teléfono a un amigo.

Esto mismo es lo que le ocurría a Javier. Javier tenía veintiún años cuando vino a terapia. Creía que no estaba disfrutando suficientemente de la vida. Mantenía a su grupo de amigos del colegio, con quien quedaba regularmente, y a los de la universidad. No obstante, reconocía que disfrutaba mucho más de un café con un par de amigos, o de un paseo, que de grandes fiestas, y que cuando el plan incluía a mucha gente o que fuesen amigos de otros amigos, no le apetecía nada, y aunque se esforzaba por ir y pasarlo bien, se sentía en tensión y le costaba disfrutar de esa situación.

Javier quería cambiar su forma de ser, divertirse en grandes fiestas y vivirlas como la posibilidad de conocer a más gente. Sentía que estaba «perdiendo su juventud» porque no disfrutaba como se suponía que debían de hacerlo los jóvenes. Sin embargo, consideraba que ya tenía muy buenos amigos y que no necesitaba conocer a más, y que le gustaba más disfrutar de un plan tranquilo con ellos. Se debatía entre lo que sentía y lo que creía que tenía que llegar a ser.

Gran parte del trabajo que realizamos fue aprender a conocerse, a entenderse a sí mismo y, sobre todo, a dejar de juzgarse. Aceptarse tal y como era. Se quejaba mucho de que el mundo es más fácil para los extravertidos, que no se cansan de estar con gente y disfrutan de los eventos sociales. A él, que le presentasen gente, le resultaba agotador. Una persona no le importaba, pero una detrás de otra le llegaba a saturar.

A lo largo de las sesiones, Javier aprendió que no hay una personalidad buena, sino que cada una tiene sus puntos fuertes y que no es necesario cambiarla para estar bien, pero sí hacer cosas diferentes y, sobre todo, dejar de juzgarse por aquello que no era. Así, por ejemplo, cuando llegó el confinamiento por la COVID-19, a Javier no le costó tanto estar los tres meses metido en casa, y las llamadas de amigos para ver cómo estaba era algo con lo que se sentía cómodo. Aprendió a estar relajado con sus amigos, a ser independiente de la opinión de los demás y entendió que, a veces, también tenía que hacer concesiones y salir con sus amigos, aunque no le apeteciese. Dado que era consciente de que después disfrutaba con ellos y se lo pasaba bien.

Además, dejó de sentir la presión social de disfrutar de la juventud caracterizada por salir de fiesta, ir a discotecas o estar todo el día en la calle. Cada uno disfruta de su vida como él decide y le gusta.

7

Los pensamientos barrera

Uno de los principales enemigos del bienestar emocional son los pensamientos automáticos que suponen una barrera para la felicidad. Somos los reporteros de nuestra vida. Los hechos no son algo objetivo que pasa ante nosotros, sino que en todo momento nos vamos narrando la realidad, y esta locución no está exenta de interpretaciones personales. Nos vamos describiendo *el mundo etiquetándolo como sucesos buenos o malos*, temibles o agradables, y en función de esa etiqueta podemos sentirnos seguros o en peligro. En definitiva, vamos formando un diálogo interno con nosotros mismos del que no siempre somos conscientes.

Este diálogo interior o autocharla, como la denominó Albert Ellis, es completamente diferente a la conversación que tenemos con otras personas. Al hablar con los demás tendemos a describir los hechos con una secuencia lógica y racional, la causa y el efecto parecen razonados. Sin embargo, cuando hablamos con nosotros mismos, tendemos a ser más categóricos, agresivos e incluso nos faltamos al respeto.

Reflexiona por un instante: ¿te atreverías a hablar a un amigo en los mismos términos o en el mismo tono con el que te hablas a ti?

El diálogo interior puede llegar a ser muy nocivo, tratándonos incluso con desprecio. Y muchas veces no somos conscientes porque está lleno de pensamientos automáticos.

¿Cómo son?

Conocer las características de los pensamientos automáticos te ayudará a detectarlos.

Son muy breves
A menudo se presentan como un telegrama o un titular; pocas palabras, pero cargadas de una gran emotividad y acompañados de imágenes. Por ejemplo: «Moriré solo. Nadie me va a querer». O una instantánea de un accidente de tráfico, o visualizar cómo tus amigos se ríen de ti. El titular que confirma que tus miedos y tus preocupaciones se han hecho realidad. Así, es muy habitual tras una ruptura que las palabras «solo, sola, soledad» se repitan como un mantra en la cabeza.

Son específicos
Se refieren a las situaciones vividas. Por ejemplo: «Te engañó, eres tonta, te ha engañado una y mil veces...».

Casi siempre nos los creemos

Da igual lo irracionales o incluso descabellados que parezcan. Por ejemplo, cuando pensamos que algo malo que ha ocurrido es por nosotros, como consecuencia de no haber hecho algo bien: «Mi hijo tuvo ese accidente tan horrible porque yo no estuve lo suficientemente pendiente de él». Lo damos por cierto incluso estando a kilómetros de distancia. Esto es lo que le ocurría a Alicia, que se sintió terriblemente culpable cuando su hermano perdió el trabajo porque cuando le habían contratado le costó alegrarse por él. El motivo era que su hermano entraba en una multinacional del sector donde ella trabajaba y donde Alicia había sufrido *mobbing*. Alicia lo pasó tan mal y quedó tan traumatizada que cuando su hermano le dijo que lo habían fichado en esta empresa se quedó paralizada por temor a que le pudiese ocurrir lo mismo, bloqueó su alegría. Cuando a los meses despidieron a su hermano, estaba convencida de que había sido debido a su falta de alegría inicial, y tuvimos que trabajar de forma exhaustiva esta idea irracional.

Se viven como espontáneos

Aparecen de repente, sin una elaboración consciente, y eso hace más fácil que nos lo creamos. «Soy inútil. No soy lo suficientemente bueno, voy a fallar...».

Suelen estar cargados de estereotipos o juicios de valor

Aun así, no los ponemos en duda y nos los creemos.

Suelen estar expresados en términos de obligación, como «debería...», «tendría que...»

Por ejemplo: «Debería ser feliz. Tengo un trabajo, una

familia, amigos, debería ser feliz». Cada «debería» te hace sentir culpable y favorece que pierdas tu autoestima.

Tienden a dramatizar

Nos ponemos en el peor escenario posible. Los pensamientos automáticos predicen catástrofes y ven peligros por todas partes. Una mirada se puede interpretar como indicio de que ya no nos quieren; un dolor, como un síntoma de enfermedad grave, o una llamada perdida en el teléfono, la señal de que nos van a dar una noticia terrible.

Son idiosincráticos

Las interpretaciones que haces de las situaciones de la vida están muy condicionas por la forma de ser, por los valores e ideales y en gran medida por el pasado; es decir, por la manera en la que te has enfrentado a situaciones parecidas. Por ejemplo, ante una exposición en público pensar: «Haré el ridículo otra vez». Cuando puede que nunca haya sido así.

Son aprendidos

Por lo que están muy condicionados por la educación que hemos recibido, el entorno, la familia… Todo ha influido en cómo interpretamos las situaciones. Recuerdo el caso de una mujer que tenía mucho miedo a los perros, cada vez que veía uno o escuchaba un ladrido en su mente aparecían las palabras: «Peligro, te puede morder». Al trabajar con ella nos dimos cuenta de que era algo aprendido y que esos eran los comentarios que su madre le hacía sobre estos animales.

Son difíciles de desviar

Nos cuesta mucho apartarlos de la mente, dado que a veces no somos conscientes de ellos, solo del sentimiento desagradable que nos han disparado. O funcionan como un gatillo para activar toda una cadena de pensamientos negativos sobre un tema. Por ejemplo: «No me puedo equivocar en mi elección de estudios», y dicho pensamiento deriva en una imagen de fracaso de mi vida, con un trabajo que abandono porque no me gusta y viviendo de forma muy infeliz.

Los pensamientos automáticos son una barrera para el bienestar emocional, son los responsables de gran parte de los sentimientos de malestar que sentimos y frenan nuestra capacidad de ser optimistas. Generan un amplio espectro de las emociones desagradables que sentimos.

Las frases que te repites constantemente, de las que muchas veces no eres consciente, son las responsables de tus sentimientos.

Detectar los pensamientos automáticos

El primer paso para trabajar estos pensamientos es escucharlos. Ser conscientes de su existencia. Son tan fugaces que en ocasiones pasan desapercibidos. Una técnica que te puede ayudar es apuntarlos. Trata de recordar los que tuviste justo antes de experimentar esa emoción desagradable y los que te han acompañado a lo largo del transcurso de dicha emoción y han ayudado a mantenerla. Se trata de ser consciente de ese diálogo interno que mantienes contigo mismo. Son muy rápidos, por lo que tendrás que prestar mucha atención para cazarlos. Puedes utilizar un diario de pensamientos que te ayude. Es importante como digo apuntarlos, porque dadas sus características se van a olvidar. Pon el día y la hora que es. También la situación, es decir, dónde estabas, con quién y qué es lo que estabas haciendo. La emoción que has sentido y, a continuación, los pensamientos automáticos, de la forma más literal posible. Además, anota cómo de creíble te parecía ese pensamiento. De cero a cien, ¿cómo de verdadero lo consideras? En un segundo momento, al acostarte o transcurridas unas horas, realiza una nueva tarea: piensa si ese pensamiento te parece igual de creíble o si ya te parece un poco menos cierto.

Cómo cambiar las interpretaciones

Cuando lleves una semana haciendo este registro y hayas aprendido a detectar los pensamientos automáticos, introduce una nueva fase. En ella aprenderás a valorar otras posibilidades. Para ello puedes hacerte las siguientes preguntas:

– ¿Qué más podría significar esta experiencia?
– ¿Qué pruebas tengo de que esto sea realmente así?
– ¿Puedo verlo desde otro punto de vista?
– ¿Puede salir algo bueno de ella?
– ¿Qué puedo aprender para aplicarlo al futuro?
– ¿Qué aprendizaje me ha dejado?

Es importante que esta reflexión la hagas cuando estés con un estado de ánimo neutro o agradable para ser capaz de permitirte ver las cosas desde otra perspectiva. El objetivo es aprender a detectar y a combatir estos pensamientos barrera que interfieren en tu bienestar emocional.

Con la práctica, serás capaz de cambiar
tu interpretación por una más objetiva
que te permita sacar un aprendizaje de cada
situación en lugar de hundirte en la miseria.
Este es uno de los pilares para manejar
las emociones desagradables y fomentar
tu bienestar emocional.

8

Las ideas irracionales

Como ya he comentado en el capítulo anterior no siempre somos conscientes de que la forma de interpretar la realidad condiciona lo que vamos a sentir. Además, la percepción de esta no se ciñe al hecho objetivo. Vamos introduciendo nuestras opiniones y, aunque no seamos conscientes, hay ideas de tipo irracional que se cuelan en la misma. Esto da lugar a que en la narración que hacemos de los hechos tendremos muchas veces el origen de nuestro malestar.

**Las personas creamos y destruimos
nuestras propias perturbaciones.
Lo importante no es lo que nos pasa, sino
lo que pensamos sobre lo que nos ocurre.**

Esta es, sin lugar a dudas, una buena noticia. Si los sentimientos dependieran única y exclusivamente de las situaciones que vivimos, tendríamos muy poco margen para cambiarlos. Sin embargo, sabemos que por fortuna esto no es así. Albert Ellis formuló su modelo ABC en el año 1961, en el que describía la importancia de los pensamientos en nuestros sentimientos. Así, para Ellis, la A es la situación que estamos viviendo, el hecho o el suceso en sí mismo. La C es la consecuencia, lo que estamos sintiendo en ese momento, que incluye tanto el sentimiento como la respuesta fisiológica del mismo. Muchas personas piensan que son las situaciones que vivimos las que directamente hacen que nos sintamos de una determinada forma o que el cuerpo genere una activación fisiológica concreta.

Sin embargo, no es así. A no causa C. Si este supuesto fuese cierto, por ejemplo, el estímulo de un avión a todos nos causaría la misma reacción. Hay a personas que les genera alegría y a otras, miedo. ¿Dónde está la diferencia? En el pensamiento, en la interpretación que hemos realizado. Es decir, si interpretamos el avión como peligro —posible accidente: disparará nuestra tasa cardiaca, empezaremos a hiperventilar, los músculos se tensarán—, vamos a sentir miedo. Si pensamos en vacaciones o en ahorro de tiempo en el trayecto, sentiremos alegría o alivio y la sensación en el cuerpo será distinta.

$$A \xrightarrow{\quad\times\quad} C$$

Todo está mediado por la B, que es el diálogo interno que mantenemos con nosotros mismos y que puede no ser cierto o estar magnificado. Es decir, es B quien causa C.

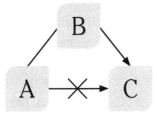

Se trata, por tanto, de aprender a ser conscientes de cómo estos pensamientos llegan a condicionar nuestros sentimientos. Y para ello es necesario conocer las ideas irracionales que todos tenemos en la mente y que funcionan como disparadores de nuestro malestar.

¿De verdad creo que lo que pienso es cierto?

Conocer los principales tipos de ideas irracionales será de gran utilidad. El objetivo es aprender a identificarlos para así poder reestructurarlos en términos más objetivos que no te causen malestar.

¿Qué debes o tienes que hacer?

Son pensamientos basados en «¿cómo debería ser mi vida, el mundo o los demás?»; es decir, los denominados «ideología debería». Son fáciles de identificar porque siempre incluyen «deber que» o «tener que» —«Yo debería o tendría que...»—. Seguramente todos nos identificamos con este tipo de pensamiento. Y según estás leyendo podrás pensar:

«¡Con la de obligaciones que tengo! Son todas ciertas, no creo que sean irracionales».¿Qué ocurre cuando te hablas en términos de debería o tendría que? Que estás elevando a necesidad lo que expresas a continuación en la frase: «Debería madrugar más para poder ir al gimnasio antes del trabajo...». Hagamos una actividad. Párate por un momento y reflexiona sobre las cosas que tienes que hacer. Cuando termines la lista, vete quitando aquello que no sea absolutamente necesario. Comprobarás que lo absolutamente necesario es muy poco. Lo que debes y tienes que hacer es satisfacer tus necesidades básicas y las de tus hijos —en el caso de que los tengas—. Es decir: comer, beber, dormir, ir al baño, resguardarte de las inclemencias del tiempo... El resto son cosas que pueden pasar desde ser «muy convenientes» —«Es muy conveniente que me levante para ir a trabajar porque tengo que comer y hay que tener dinero para pagar la comida»— o cosas que has «elegido» —«Elijo estudiar esta carrera, o completar mis estudios con esta formación específica... por eso me esfuerzo y lo intento sacar lo mejor posible»—.

Cuando te hablas en términos de «yo elijo» hacer esto porque sé que es bueno para mí o para mi familia, aumenta la motivación hacia la tarea que tienes que realizar y, además, si por lo que fuese no pudieses llevarla a cabo, no te vas a sentir tan mal como cuando las has elevado a nivel de «necesidad». Cuando no consigues realizar lo que te habías impuesto como algo que debes o tienes que hacer, aparecen emociones desagradables relacionadas con el agobio que pueden generar ansiedad.

El mundo debería o tendría que...

Esta es otra de las ideas irracionales estrella, ¿cómo debería ser el mundo? Y es que, aunque nos dé mucha rabia, el mundo es el que es. Un lugar injusto por naturaleza. De hecho, por muy triste y duro que suene, nuestra vida viene condicionada por el lugar y la familia en la que nacemos. Es algo que no nos gusta y que no es justo. Esta reflexión no significa que debamos conformarnos con un sistema injusto o que permitamos actitudes o conductas que no aprobamos, sino que en lugar de darle vueltas a cómo debería o tendría que ser el mundo, generando cada vez una mayor sensación de enfado y frustración, es necesario poner el foco en lo que sí que está en nuestra mano cambiar. En lugar de pensar: «El planeta no debería ser un lugar tan contaminado, no hacen nada para evitar el cambio climático...» pasar a reformularlo en otros términos: «No me gusta que el planeta esté tan contaminado. Yo quiero evitar el cambio climático, por eso me tomo muy en serio el reciclar y creo conciencia ecológica en las personas que me rodean». Se trata de luchar por nuestros principios y nuestros valores, pero dejando de sufrir inútilmente.

Los demás deberían o tendrían que...

Cuando pensamos cómo deberían comportarse los demás, creamos en la mente unas reglas inflexibles que deberían regir todas las relaciones humanas. Cualquier desviación de estas la percibimos como algo malo y nos hace sentir mal. Al no poderlas cumplir aparecen los sentimientos de rabia y de frustración. Por ejemplo, si pensamos «Mi pareja debería haberse dado cuenta de que yo necesitaba un abrazo o una palabra de comprensión», se generan sentimientos de enfado e incluso nos lleva a pensar que mi pareja es egoísta. Sin embargo, si pensamos «Me hubiese gustado recibir un abrazo, puede que no se haya dado cuenta, además yo no se lo he pedido», el malestar tiende a desaparecer.

En lugar de dejarte llevar por lo que denominó Karen Horney «la tiranía de los debería», háblate en términos que te permitan sentirte mejor contigo mismo. Distinguiendo entre las cosas que son necesarias y las que eliges hacer.

¿Realmente lo necesito?

Estos pensamientos hacen referencia al tipo de necesidades que nos imponemos, por eso se llaman necesidades perturbadoras. Suelen empezar por un «necesito...» y a partir de ahí la lista de cada uno puede llegar a adquirir dimensiones estratosféricas.

**No es sano confundir los deseos
con las necesidades.**

Si analizamos esa lista, ¿cuántas cosas se refieren realmente a necesidades? El problema es que muchas veces confundimos deseos con necesidades. La propia sociedad nos insta a hacerlo desde que somos unos niños. Necesitas cambiar de juguete o de consola porque la nueva versión tiene más prestaciones. En la adolescencia, unas determinadas zapatillas o camiseta son necesarias para pertenecer al grupo, y según vamos creciendo necesitamos cambiar de móvil, de coche, de casa... Si nos dejáramos llevar por los mensajes publicitarios, sería imposible satisfacer todas esas necesidades que nos ha impuesto la sociedad de consumo. Incluida la de ser feliz. Y tal y como comenté en el primer capítulo, no necesitas ser feliz todo el tiempo, basta con sentirte a gusto, en calma y en paz contigo mismo.

Al aprender a distinguir qué es lo que necesitamos, que está muy relacionado con lo que realmente tenemos que hacer, es decir, satisfacer nuestras necesidades básicas, y diferenciarlo del resto, que son deseos, conseguiremos escapar de la ansiedad que nos genera esta idea irracional. No obstante, no nos equivoquemos, tener deseos e ilusiones es bueno, pero sin confundirlo con «necesidades». Cuando no somos capaces de satisfacer una necesidad, tanto los sentimientos como las sensaciones fisiológicas asociadas a los mismos adquieren un nivel de malestar muy significativo con respuestas de ansiedad. No se trata de dejar de luchar por conseguir nuestros deseos, sino de hacerlo teniendo claro que son «deseos», dado que, de esta forma, cuando no lo consigamos, sentiremos tristeza y frustración, pero no la ansiedad derivada de no cumplir nuestra necesidad.

Sí, sí, seguro que siempre me sale todo mal

Otra de las ideas irracionales más extendidas son los denominados pensamientos acientíficos, entre los que destacan:

Siempre, nunca
¿Qué cosas podemos afirmar que siempre o nunca van a ocurrir? La respuesta es todas aquellas que estén sujetas a leyes universales —«Siempre que mi mano deje de sostener el objeto que estoy cargando, este caerá al suelo, porque la ley de la gravedad hará su efecto»—. Cuando nos hablamos en estos términos —siempre o nunca— no dejamos espacio en la mente para que otra opción sea posible. Por ejemplo, al pensar, «Siempre que hablo con mi madre termino discutiendo», no dejamos la opción abierta para que otra acción ocurra. Cambiarlo por «Muchas de las veces

que hemos hablado hemos terminado discutiendo», deja abierta la posibilidad a que hoy esto no vaya a ocurrir.

Todos, nadie

Algo parecido ocurriría cuando hablamos en estos términos. De nuevo nos vamos a extremos que lo más probable es que no sean ciertos. Sin embargo, en la mente apartamos la posibilidad de recibir una ayuda necesaria o una colaboración. Aparece la resignación y no nos queda fuerza para enfrentarnos a nuestro objetivo.

Todo, nada

Una vez más son términos absolutistas que nos bloquean. Cuando nos decimos «Nada me sale bien», la mente interpreta que no hay nada, es decir, cero cosas, que hayamos hecho bien. ¿Realmente esto es así? Por supuesto que no, el problema vuelve a estar en la narrativa y en los términos que utilizamos. El lenguaje funciona como un GPS que nos guía; si le decimos: «Nada me sale bien» es más probable que nos conduzca al fracaso, y, además, nos genere sentimientos de frustración, tristeza, enfado y apatía.

No lo puedo soportar

Es otra de las ideas que más nos atormentan y que nos generan sentimientos de agobio, frustración e ira, entre otros. Recordemos que el cerebro interpreta el lenguaje de manera literal. ¿Qué cosas son las que no podemos soportar? Las que comprometen nuestra supervivencia. No podemos estar a temperaturas extremas sin protección, no podemos no beber, no comer... El resto son cosas que «no nos gustan», que nos duelen o, incluso, que elegimos que no formen parte de nuestra vida, pero que sí que podemos soportar. Así,

106

cuando pensamos en términos: «No puedo soportar que mi madre me diga lo que tengo que hacer y que me eche la culpa a mí, ya soy mayorcita», en cuanto ella nos dice algo, se dispara un sentimiento de angustia y de malestar que nos aleja del bienestar emocional. Sin embargo, si somos capaces de interpretarlo como «No me gusta que mi madre me diga lo que tengo que hacer», la angustia se atenúa y nos permite actuar de forma diferente, por ejemplo, diciéndole de forma asertiva: «Mamá, muchas gracias por tu consejo. Sin embargo, solo quiero que me escuches, no que me digas lo que tengo que hacer».

¡Esto es un desastre!

Cuando tenemos una visión catastrófica de algo desagradable que nos ha ocurrido en nuestra vida, de nuevo se disparan un sinfín de emociones desagradables que nos alejan de la felicidad; son los denominados pensamientos catastróficos. Es cierto que la situación puede ser muy dura, lo peor que nos ocurrido, algo para lo que no estábamos preparados, pero debemos tener cuidado en la interpretación que hacemos de ella.

Hace poco una persona que se había separado después de descubrir que su pareja le había sido infiel narraba la mayor parte de los acontecimientos vitales describiéndolos como un infierno.

—¿Qué hay peor que un infierno? —le pedí que se plantease.

—Nada.

—No podemos elevar lo que te ha ocurrido, que es muy doloroso, a infierno —le propuse—. Probemos a cambiar la descripción para ver si el malestar se atenúa: «Es lo peor que me ha pasado en mi vida. Me duele, estoy sufriendo».

No se trata de disfrazar la realidad, sino de ser objetivos en la descripción de esta.

Horrible, terrible

Este tipo de adjetivos se cuelan en ocasiones para describir situaciones que hemos vivido que son desagradables; el problema es que las estamos elevando a nivel de catástrofe natural, de que no hay nada peor que eso. Por ejemplo: «Es horrible, he suspendido el examen» podríamos cambiarlo por «No me gusta haber suspendido el examen, lo había preparado mucho y no me salió bien». Es decir, no negamos la realidad, pero tampoco la magnificamos dándole esa visión de catástrofe añadiéndole adjetivos como horroroso, espantoso o catastrófico. Pensemos, ¿qué hay peor aparte de que algo sea horrible, terrible o fatal? Cuidado, porque si describimos así la situación que estamos viviendo, lo viviremos como tal. Se trata de aprender a dar a cada hecho la importancia que se merece. Ni más ni menos.

La narrativa, es decir, cómo interpretas el mundo, cómo te cuentas la realidad, tiene un gran poder sobre lo que sientes. Si aprendes a utilizar unos términos más objetivos, las emociones cambiarán desplazando los sentimientos negativos o desagradables hacia otros más neutros.

El detective de los pensamientos

Cada día tenemos más de setenta mil pensamientos. Aprender a detectar aquellos que nos hacen daño y que provocan gran parte de nuestros sentimientos desagradables, y ser capaces de verlos de una forma más racional, nos ayudará a incrementar el bienestar emocional. Para hacerlo, hay que practicar, practicar y practicar. Para ello puedes utilizar el registro que tienes a continuación, en el que irás apuntando el día y la hora que es. La situación, es decir, lo que ha ocurrido, de la forma más objetiva posible, seguido de la emoción que estás sintiendo. En la cuarta columna apunta lo que piensas, ¿cómo te estás narrando esos hechos? Hasta aquí estarás detectando las ideas irracionales, y en la cuarta y quinta columna empieza el trabajo que harás sobre ellas. Si puedes generar un pensamiento alternativo, otra interpretación posible, libre de ideas irracionales; y, por último, observar si el sentimiento sigue siendo el mismo o si ha cambiado, o por lo menos si se ha atenuado.

Día y hora	Situación	¿Cómo me siento? Emoción	Pensamiento	Pensamiento alternativo	Nuevo estado de ánimo. Emoción
	He suspendido el examen.	Enfadado, triste, frustrado.	Es horrible haber suspendido Contabilidad. Es injusto, lo había estudiado un montón. No me veo capaz de aprobarlo.	No me gusta haber suspendido. Tendré que estudiar de forma diferente.	Triste pero motivado para seguir estudiando.
	Entrega de un trabajo de la universidad.	Agobiado.	Tengo que hacer un buen trabajo y demostrar a todos de lo que soy capaz.	Yo he elegido esta carrera, por eso quiero hacer un buen trabajo. Quiero aprender. No se trata de demostrar nada.	Motivado.

Día y hora	Situación	¿Cómo me siento? Emoción	Pensamiento	Pensamiento alternativo	Nuevo estado de ánimo. Emoción
	Mi hijo está gritando porque no se quiere ir a bañar.	Enfadado, frustrado.	No soporto que me grite y que se ponga así.	No me gusta que me grite, pero el primero que no va a gritar y a gestionar las cosas de forma diferente debo ser yo.	Aliviado.
	Mi compañero de trabajo se ha vuelto a escaquear de hacer su parte.	Desesperanzado.	Es un caradura, nunca voy a conseguir que asuma su responsabilidad.	Hasta ahora intenta escaquearse. No obstante, me voy a mantener firme y a no ceder.	Seguro.

9

Pensar demasiado

Pensar demasiado es uno de los principales enemigos de la felicidad. Cuando tenemos un problema, una buena estrategia es buscar una solución. Sin embargo, no siempre somos tan prácticos y hacemos un análisis objetivo de la situación, sino que nos quedamos atrapados en un sinfín de vueltas y más vueltas, completamente innecesarias, que además de infinitas son excesivas y no aportan soluciones, solo añaden aún un mayor malestar.

Dar muchas vueltas a un hecho no siempre significa que aprendamos de él. A veces solo sirve para hundirnos y hacernos sentir todavía peor.

'Rumiación' es el nombre que los psicólogos damos a este proceso, en el cual nos quedamos enganchados analizando de forma obsesiva una preocupación, estudiamos to-

das las opciones posibles por inverosímiles que parezcan…
y lo único que conseguimos es desgastarnos y alejarnos del
bienestar emocional. Es cierto que es importante conocernos a nosotros mismos, ser conscientes de nuestras emociones, sus causas y consecuencias, sin embargo, cuando
pensamos demasiado o le damos demasiada importancia
a las cosas, aparecen sentimientos desagradables, la tristeza
se mantiene durante más tiempo e interfiere en la capacidad de atención. Cuando pensamos demasiado lo hacemos
desde un enfoque distorsionado y pesimista.

Una parte importante de la terapia psicológica es frenar
esa rumiación. Muchas personas me cuentan que su cerebro se pone en modo centrifugadora y no paran de darle
vueltas a las cosas, y lo peor de todo, ¡no son capaces de dejar de hacerlo! Además, en este estado, perdemos la capacidad de distraernos y concentrarnos en otras actividades
más placenteras porque solo estamos inmersos en nuestra
preocupación. Las facultades mentales se ven mermadas,
lo que agrava aún más la imagen negativa que en ese momento tenemos de nosotros mismos. La mayor parte de los
pacientes que he tratado reconocen que no saben cómo
frenar su mente y que cuando entran en bucle se encuentran en una espiral de la que no saben salir.

¿Me ocupo o me preocupo?

Si hacemos un análisis etimológico de la palabra
pre-ocupación significa 'antes de la ocupación'. Es decir, antes de la situación, antes de que algo ocurra. Sin embargo,
el término preocupación no es sinónimo de planificación,
que sería establecer un plan de acción por anticipado, sino

que tiene una connotación negativa. Cuando decimos que algo nos preocupa le estamos dando vueltas a lo que podría salir mal. No significa que estamos buscando otras alternativas. Quizás a partir de ahora podemos dejar el «pre» para poner el foco en ocuparnos; es decir, en llevar a cabo las acciones necesarias para resolver el problema. Dejar de anticipar posibles males antes de que ocurran. Entonces, ¿cómo podemos distinguir entre las reflexiones beneficiosas y las perjudiciales?

Características de las reflexiones beneficiosas	Características de las perjudiciales (ruminaciones)
Son prudentes, analíticas, filosóficas, curiosas, intelectuales o conscientes.	Son circulares, molestas, neuróticas e incontrolables.
Son maduras e introspectivas.	Son inadaptadas y perturbadoras.

Cuando estás reflexionando de una forma analítica, sistémica y ordenada, valorando las diferentes posibilidades de forma objetiva, estás avanzando a la hora de solventar tu problema. Sin embargo, cuando te has atascado en un punto, es decir, vuelves sobre los mismos hechos, pensamientos y sentimientos sin llegar a ningún tipo de posible solución, es el momento de parar. Estás en esa rumiación perjudicial. Es una sensación parecida a estar moviéndose en círculos y empezar a sentir que perdemos el control. Los pensamientos e imágenes surgen sin contención, aparecen en nuestra mente, aunque nosotros no queramos.

Cómo dejar de pensar

La vida está llena de contratiempos. Se trata de aprender a darles la importancia justa y necesaria, y evitar la magnificación de los problemas. Aprender a disfrutar con lo que haces en cada momento. No es fácil, requiere mucho entrenamiento, sin embargo, existen estrategias que te ayudan a frenar esa rumiación. Puedes hacerlo de la siguiente manera:

1. El primer paso es ser conscientes de cuándo te has quedado «enganchado» en esta rumiación, dado que en ocasiones lo haces de forma tan automática que no te das ni cuenta.

2. En segundo lugar es fundamental tener muy claro que la rumiación no te sirve para nada más que para acrecentar el malestar. Muchas personas piensan que es útil darle vueltas a la situación, cuando en absoluto es así. No están adelantando nada. No sirve para encontrar la solución y genera más malestar.

3. Asumiendo que lo mejor es dejar de dar vueltas a la situación, intenta ser realista y analiza cuánta importancia tiene esa situación en tu vida. Quizás te has quedado enganchado a un comentario negativo que has recibido de un compañero, podrías plantearte ¿quién es esa persona en mi vida para darle tanta importancia? Mantener una distancia emocional respecto a la situación te ayudará a realizar un análisis riguroso de la misma en el que evalúes de forma objetiva la causa, las consecuencias

y las posibles soluciones. Puedes incluso elaborar una lista de pros y contras de lo ocurrido y de las posibles soluciones.

4. Rumiar en voz alta tiene el mismo efecto nocivo. En las sesiones de psicología me encuentro con personas acostumbradas a rumiar con su pareja o con sus hijos, con lo que a los efectos nocivos que ya he comentado se junta el desgaste emocional de la pareja, la familia, los amigos... Podemos pensar que están para ayudar, sin embargo, en esta situación no es así. Queremos que nos escuchen y que entren en nuestra dinámica rumiadora, pero no estamos receptivos a escuchar posibles soluciones.

5. Si no eres capaz de dejar de pensar, ¿podrías aplazarlo? Por ejemplo, establece que solo podrás darle rienda suelta a ese pensamiento a una hora en concreto y durante un tiempo limitado. Prueba a hacer un experimento. Anota cómo te sentiste en el intervalo del día en el que decidiste parar esos pensamientos y cómo te sientes durante el tiempo reservado para hacerlo. Quizás esta es una buena fórmula para darte cuenta de lo poco que te aporta esta rumiación y de la cantidad de sentimientos desagradables que te genera. Empieza por aplazarlo para después ¡no recuperarlo nunca!

6. Otra opción es intentar distraerte con algo que te gusta. Practicar algún *hobby,* leer un libro o ver una serie, meditar o llamar a un amigo con el que mantener una buena conversación, no con quien rumiar en voz alta.

Óscar vino a verme cuando tenía treinta y dos años. Trabajaba en una de las empresas mejor valoradas del país y tenía un puesto de cierta responsabilidad. Estaba casado y tenía una niña de dos años. Su vida era como siempre la había imaginado. Sin embargo, reconocía que se sentía profundamente infeliz, con mucha ansiedad y que apenas disfrutaba de las cosas, lo que añadía un sentimiento de culpabilidad aún mayor.

Al hacer el análisis funcional y valorar lo que le podía estar ocurriendo, encontramos que era un rumiador nato. Su cerebro siempre estaba en funcionamiento dándole vueltas a todo. En su cabeza tenía varios escenarios posibles para cada una de las situaciones que vivía y en casi todas ellas lo que hacía era pensar en las cosas que podían salir mal. De esta forma era muy complicado que pudiese disfrutar de su vida. Además, cuando las cosas no salían perfectas —o sentía que alguien o algo no funcionaba como a él le gustaría—, analizaba cada conversación y cada situación con lupa. Era tal el nivel de profundidad que alcanzaban sus reflexiones que las hipótesis se volvían inverosímiles. Sin embargo, Óscar consideraba que era necesario repensar todo hasta la saciedad, que eso le hacía estar preparado para cualquier imprevisto.

Hubo que convencer a Óscar de que ese exceso de pensamiento era justamente el origen de su malestar, dado que, además de generarle una gran ansiedad, no le estaba ayudando a estar más preparado para las situaciones de su día a día, sino que le impedía disfrutar de los buenos momentos. Tenía que distinguir entre la planificación y la preparación y el aprender de los errores, de la rumiación perjudicial que no le aportaba ningún tipo de aprendizaje, solo malestar. Óscar aprendió a distinguirlo, y aunque no fue fácil y tuvo que realizar un gran esfuerzo, también consiguió frenar su mente y no dejarse llevar por ese bucle infinito de pensamientos que solo le aportaban desasosiego.

10

La comparación social

Otro de los enemigos que más nos alejan de la felicidad y que minan el bienestar emocional es la comparación social. Y es que desde pequeños aprendemos a compararnos con nuestros hermanos, amigos o primos. Y en ocasiones dicha comparación viene propiciada por la influencia de nuestros padres y entorno familiar, que nos instan a «ser los mejores» o que preguntan no solo qué nota hemos sacado en el examen, sino también la de nuestros amigos o el resto de la clase para tener un baremo de referencia en el que situar la relación de sus hijos. Sin ser conscientes de que introducir un modelo de comparación continua con los demás es otorgarles una fuente de insatisfacción permanente.

Las comparaciones sociales surgen de forma natural, aparecen espontáneamente, y están en el origen de muchos de los sentimientos de insatisfacción e inseguridad. Lo que queremos es aprender a ser conscientes de ellas y que no nos afecten. Por supuesto que en la vida es aconsejable querer mejorar, tener metas que alcanzar. De hecho, aprender algo nuevo cada día nos ayuda a generar emociones agradables y con ello incrementar nuestro bienestar emocional. El problema empieza cuando el objetivo no es mejorar, aprender o hacer las cosas lo mejor posible, sino que estamos en todo momento revisando qué tienen o qué hacen los demás porque no queremos quedarnos atrás. Querer mejorar, aprender cada día, son aspiraciones que te acercan a conseguir la mejor versión de ti. Eso es suficiente para generar emociones agradables.

El objetivo es sentirte orgulloso y satisfecho contigo respecto a lo que haces. No ser más que nadie ni tener más cosas que los demás.

¿Quieres ser infeliz? Espía a tu vecino

Tener el foco puesto en la vida de los demás es comprar todas las papeletas de la rifa de la infelicidad. Cuanto más te compares, más posibilidades tienes de salir perdiendo; es decir, de darte cuenta de que va a haber alguien más guapo, más inteligente, con más dinero, con una casa más grande... Cuando te comparas «hacia arriba», tu autoestima queda dañada y te genera sentimientos de inferioridad porque interpretas que eres menos que los demás.

Por eso muchas personas adquieren la estrategia inversa: como su autoestima está muy dañada, prueban a relacionarse con gente peor posicionada que ellos, con más problemas… lo que tampoco les ayuda. Compararse «hacia abajo» puede generarte sentimientos de culpa, ya que lo haces por producir en los demás la misma envidia que te ocasionan a ti «los de arriba» y, además, provoca que estés a la defensiva. Tu autoestima se resiente aún más y cada vez te sientes más inseguro.

Recuerdo el caso de Mar. Cuando la conocí tenía diecisiete años, una familia que la quería y buenos amigos. Una chica muy guapa y agradable. Sin embargo, su autoestima estaba muy afectada. Pasaba una mala racha de notas escolares y el chico con el que salía la había dejado por otra. Mar consideraba que ella no era suficiente, que era menos que los demás. En lugar de trabajar su propia seguridad y su autoestima decidió que lo más fácil era cambiar de amigos y de entorno social, así que dejó de ir con sus amigas del instituto y se juntó con una pandilla que conoció en el parque; habían abandonado los estudios y su única diversión era ir a fumar y a beber al parque. Al principio se encontró bien, porque ella era la más lista del grupo —pese a haber repetido estaba en primero de bachillerato— y tenía una familia que, aunque a Mar le parecían muy pesados, se preocupaban por ella. Sin embargo, la decisión que tomó cada vez la hacía sentir más desdichada; se había alejado de su gente de toda la vida y se veía muy inferior respecto a ella, además, su nuevo entorno reforzaba su papel de víctima y no la instaba a hacer cosas para salir de su situación, más bien, lo contrario, la animaba a dejar los estudios. Los primeros días en el parque estuvieron bien porque pensaba que se libraba de las clases y de exponerse a sus problemas, pero según avanzaban las semanas veía que no solo no era nada productivo, sino que resultaba aburrido hacer siempre lo mismo y que se estaba descolgando de su grupo.

Durante las sesiones tuvimos que trabajar mucho para que aprendiese a aceptarse y a quererse. Que entendiese que no hacía falta ser la más guapa ni la más lista, que la vida no era un concurso, sino un largo camino por recorrer y con el que disfrutar. Y que la única persona a quien tenía que gustar era a ella misma. Entendió que la clave para estar bien era tomar las riendas de su vida, ajustar sus expectativas y decidir por ella. Así, cambió de instituto y realizó una formación profesional para ser auxiliar de enfermería, que era un tema que le apetecía y, además, le permitiría trabajar en algo que le gustaba, volviendo a rodearse de personas que sumaban en su vida, que le aportaban, y que cuando consideraban que se equivocaba, se lo decían. Dejó de compararse y aprendió a valorar lo que tenía, no a poner el foco en lo que le faltaba. No necesitaba sacar las mejores notas o ser la que más ligaba en las fiestas. Aprendió a tratarse con cariño, por ejemplo, diciéndose que estudiaba para aprender y que lo que quería era poder cuidar de los demás. Los mensajes que se daba eran del tipo: «He mejorado mucho, cada día lo hago mejor» y su autoestima fue aumentando.

Las personas infelices, que no tienen un buen equilibrio emocional, es más probable que sientan frustración y tristeza cuando se comparan con los otros; sin embargo, cuando hemos conseguido sentir bienestar emocional y nos sentimos bien con nosotros mismos, desaparece esa necesidad de comparación continua y no nos importa estar con personas más inteligentes o mejor posicionadas. Nos alegramos por ellas e incluso podemos vivirlo como una oportunidad para aprender.

El escaparate de las redes sociales

Hoy en día no es necesario pasarnos el tiempo mirando por la ventana lo que hacen nuestros vecinos. Las redes sociales se han convertido en el escaparate de nuestra vida. Mostramos nuestro «mejor producto», aquel que queremos vender o con el que creemos que podremos atraer una mayor clientela. Y esto pone en una bandeja de oro la comparación social. Basta encender el teléfono o el ordenador para que nos lleguen notificaciones de lo que hacen nuestros amigos y compañeros, incluso gente que ni siquiera conocemos, pero seguimos porque nos gusta lo que cuentan. Esta exposición en las redes hace que la máquina inconsciente de la comparación se encienda. Las vidas que los demás exponen en las redes parecen divertidas, llenas de momentos mágicos, ¿y la nuestra? A su lado parece de lo más aburrido, llena de obligaciones, ¡hasta nuestra comida parece menos apetitosa que la que los *influencers* ponen en sus fotos!

Las redes sociales no son el problema: puedes utilizarlas para estar informado de lo que te gusta, saber qué hacen los amigos o conocer más sobre temas en concreto que te interesan. Las redes no son buenas ni malas en sí mismas; no obstante, si detectas que te estás comparando con las personas que ves, es el momento de analizar lo que te ocurre y evitar dicha comparación. Al abrirte una cuenta de una determinada aplicación no ponía que era un concurso de a ver quién tenía más *likes*, o más seguidores o quién publicaba la mejor foto. No entres en ese juego.

A todos nos gusta ver un buen número de «me gusta» en nuestras publicaciones, la dificultad aparece cuando nos ponemos tristes porque nuestra foto o nuestra frase apenas acumula «corazones». Queremos gustar a los demás y necesitamos su aprobación.

> El problema surge cuando te importa
> en exceso gustar a los demás y tus
> emociones dependen de cuántos «corazones»
> consiguen tus publicaciones.

Esto es precisamente lo que le ocurría a Elsa. Elsa tenía veintinueve años cuando vino a consulta. No estaba atravesando su mejor momento, pues había roto con su pareja porque no tenían la misma forma de ver la vida. Ella quería casarse y tener hijos, y él se negaba a las dos cosas. Por mucho que trató de convencerlo, no lo consiguió y rompieron. En el ámbito laboral su profesión no la entusiasmaba, pero tampoco la hacía sentir mal. Trabajamos varios aspectos, entre los que estaba aceptar la ruptura y entender que, además, era lo mejor que le podía ocurrir, dado que no estaba dispuesta a renunciar a ser madre y su pareja se negaba a tener hijos. Sin embargo, gran parte de la intervención estuvo dirigida a dejar de compararse con los demás. Entraba de forma continua a las redes sociales de la gente que conocía de su pueblo, del colegio, de la universidad, para ver si estaban casadas y tenían hijos. Cuando esto ocurría se sentía más fracasada que nunca. Creía que estaba en inferioridad de condiciones, su autodiscurso era: «Todas han conseguido tener una pareja e hijos menos yo. Soy una fracasada. Mi vida vale menos. ¿Por qué yo no puedo tenerlo?». Y a estos pensamientos le dedicaba una gran cantidad de tiempo y de energía.

Parte del trabajo fue frenar esa espiral de pensamientos negativos hacia ella misma, pero también dejar de compararse con los demás. Al principio solo se fijaba en si tenían familia, pero llegó un momento en que la vida de los demás siempre le parecía mejor. Las otras chicas eran más guapas, más listas, iban a comer a mejores restaurantes, vestían mejor… Aceptar su vida tal y como era, y aprender a poner el foco en ella y en lo que tenía, no en lo que dejaba de tener, fue crucial para que Elsa empezase a sentirse mejor.

No se trataba de obviar su deseo de formar una familia, pero sí de conseguir hacerlo desde una estabilidad emocional. Entendiendo que su vida estaba bien tal y como era. Que no estaba por debajo de nadie y que no era sano estar comparándose continuamente con los otros. Y menos en el escaparate de las redes sociales, donde las personas no colgamos la realidad de nuestra vida, sino la proyección de esta, lo que queremos mostrar, muchas veces con filtros y fotos que deforman la realidad.

Elsa aceptó su vida, aprendió a disfrutar de la estabilidad económica que le proporcionaba su trabajo, de sus amigas, a hacer planes y a gozar de los mismos sin estar pendiente de hacer una foto para una red social. A valorarse y a tener en cuenta sus emociones. Y eso trajo como consecuencia que ya no se comparaba con sus amigas. Era capaz de alegrarse cuando la invitaban a una boda o cuando le anunciaban que estaban embarazadas. Dejó de sentirse menos que los demás y aceptó la realidad tal y como era.

De nuevo, es fundamental cuidar cómo te diriges a ti mismo, tratarte con más cariño y comprensión y dejar de compararte con lo que los otros cuelgan en las redes sociales.

11

La envidia y los celos

La envidia sana no existe

Cuanto más nos fijamos en lo que tienen los demás y nos comparamos con ellos, más amenazados, vulnerables e inseguros nos volvemos. La autoestima cae en picado, porque pensamos que somos menos que el resto o que necesitamos tener lo mismo que nuestro amigo, vecino o conocido para estar bien. El objetivo es aprender a aceptarnos tal y como somos y compararnos solo con nosotros mismos. Ser conscientes de nuestros avances y también de nuestras limitaciones y trabajar por conseguir mantener nuestro equilibrio emocional cada día.

No se puede ser envidioso y feliz al mismo tiempo.

Hay personas que para sentirse felices no solo necesitan que les vaya bien y triunfar en la vida, sino, además, que las de su alrededor fracasen o estén peor que ellas. Si sientes alivio cuando tus compañeros o amigos fracasan, y desánimo y frustración ante sus logros, de nuevo has comprado todas las papeletas de la rifa de la infelicidad.

La envidia es una emoción compleja de alta energía que se caracteriza por desear lo que otra persona tiene. Según el diccionario de la RAE envidia es 'tristeza o pesar del bien ajeno' y 'emulación, deseo de algo que no se posee'. Es lícito querer algo que alguien tiene, y eso no es malo. El problema es que la envidia lleva implícita el deseo de que la otra persona no lo tenga. Detrás puede haber un pensamiento del tipo «Yo me lo merezco más», «No es justo», «Él lo tuvo muy fácil»... Cuando envidiamos cualidades que no podemos conseguir tendemos a minusvalorarlas o despreciarlas o pensamos que no lo consiguió gracias a su esfuerzo, sino más bien a la suerte u otros factores externos. Además, cuando sentimos envidia se potencian los comportamientos agresivos, no solo hacia los demás, sino hacia nosotros mismos y tratamos y nos tratamos con desprecio, lo que de nuevo nos aleja del bienestar emocional.

La envidia te aleja de conseguir tu bienestar emocional. Un buen antídoto para prevenirla es la empatía. Ponerte en el lugar de la otra persona, ser capaz de alegrarte por ella y de preocuparte y ayudarla cuando tiene problemas, sentir compasión por su situación.

Los celos

Los celos también son una emoción compleja de alta activación y sensación desagradable. Comparten con la envidia ese deseo de tener o poseer lo que el otro tiene, pero añadiendo un matiz: consideramos que yo me lo merezco más que él o que ella y que me está quitando algo que me pertenece.

Los celos aparecen desde la niñez, así los hermanos compiten por la atención de sus padres, de modo que estos gestionen esta emoción en sus hijos puede condicionar en gran manera su manejo emocional en el futuro.

Encontramos muchos niños que sienten celos cuando sus padres atienden a otra persona, bien sea un familiar o no, y lo que hacen es montar una pataleta, ponerse a llorar o a gritar para que les hagan caso. Lo más habitual es que ese padre deje de hacer caso al otro para ir a regañar a su hijo por el numerito que está montando. ¿Qué ocurre entonces? Que sin querer ha reforzado su conducta. Es decir, ha conseguido su objetivo —«Has dejado a mi hermano para hacerme caso a mí»—. Muchos creerán que a ese niño no le ha merecido la pena, porque al final le están regañando, pero en realidad no es así.

Ante la emoción de los celos lo que busca es esa atención que considera perdida. Si la atención es en positivo o en negativo es lo de menos. Lo percibe como un triunfo —porque «Has dejado de estar con mi hermano y ahora me haces caso a mí»—. Por eso es tan importante enseñar a los niños a manejar las emociones desde que son pequeños. Dada la complejidad y la alta intensidad de los celos, es necesario acompañarlos en este proceso, ayudarles a que regulen dicha emoción a través de la denominada corregulación. Así los padres podrían explicarle: «Quizás lo que te ocurre son celos porque quieres que también esté contigo. En lugar de gritar es mejor decirme: "Mamá, quiero que también juegues conmigo"». Se le puede añadir: «Ahora no puede ser, pero espera un momento y enseguida estaré contigo». Es decir, les informamos de que lo que sienten son celos, nombramos la emoción, para que sepan reconocerla. Les aclaramos la causa para trabajar la comprensión emocional. Por ejemplo: «Cuando estoy con tu hermana, ¿a que sientes que el tiempo pasa muy despacio y, cuando estoy contigo, el tiempo pasa rápidamente? Sin embargo, es el mismo». Y les damos una estrategia para que regulen su emoción, como: «A veces cuando sentimos celos, pensamos que nos quieren un poco menos. Podemos probar a pensar que papá o mamá me quiere muchísimo». Después añadiremos una herramienta que les sirva para saber cómo actuar: «Pídeme de forma calmada y sin gritar que haga algo contigo, o ven a darme un beso, pero no exijas que deje de prestar atención a tu hermano».

Al enseñar a los niños a manejar esta emoción desde pequeños les damos estrategias y herramientas que los acompañarán en su vida adulta.

Si tiene celos significa que me quiere y que le importo

¡Qué daño ha hecho esta frase completamente incierta y estandarte de los mitos del amor romántico!

Si tiene celos significa que es inseguro
y que no confía en ti.

Detrás de los celos de un adulto, bien sean celos en la pareja o en otro tipo de relaciones, está una persona insegura. Los celos se producen como reacción al miedo de pensar que alguien nos quiera menos de lo que nosotros le queremos a él, o nos quite algo que consideramos importante en nuestra vida. Ese miedo a la pérdida es el que produce la emoción de los celos, no es el amor, y mucho menos implica que la persona nos quiera.

El origen de los celos suele ser la inseguridad, la baja autoestima. Ese sentimiento de inferioridad propicia el miedo a que alguien sea mejor que yo y por eso se apropie de lo mío. Ya sea una alabanza de un jefe, un amigo que puede elegir otro plan más apetecible que quedar conmigo o que mi pareja me deje por otro. Eso hace que se generen conductas de control, impidiendo que mi pareja o que mis amigos se relacionen con quien ellos quieran. La persona celosa quiere supervisarlo y controlarlo todo, lo que le hace entrar en una espiral de sentimientos desagradables, frustración, ansiedad… Se compara continuamente con los demás, por lo que su autoestima cada vez decrece más y no es capaz de disfrutar. Su vida social también queda afectada, lo que puede generar cada vez más dificultades y agrava el problema.

Aprender a reconocer la emoción de los celos y su origen será el primer paso para poder manejarla. Se trata de poner en duda nuestro sistema de creencias, aprender a confiar en los demás y sanar nuestra autoestima.

Los celos nos alejan del bienestar emocional. Esto es lo que le ocurría a Esther. Vino a consulta porque se sentía muy infeliz. Los celos la habían invadido, y, según sus palabras, necesitaba controlar la vida de su pareja porque no confiaba en ella, lo que hacía que su relación se hubiese vuelto insana. Ya no disfrutaban haciendo cosas juntas y, además, Esther temía que Sandra la terminase dejando.

Al realizar el análisis funcional vimos que el problema radicaba en su inseguridad y su baja autoestima. Consideraba que Sandra estaba muy por encima de ella, era más guapa, más lista, tenía muchos amigos y que terminaría cansándose de ella. A Esther no le gustaba salir con los amigos de Sandra porque se veía inferior a ellos. Sobre todo, le pasaba con las mujeres. Se comparaba continuamente y le preguntaba a Sandra si le parecían más guapas o si directamente le gustaban.

Esther no sabía gestionar tampoco la respuesta de Sandra, dado que en ocasiones le decía que sí que era muy guapa, que le parecía muy atractiva, que le gustaba hablar con ella, pero que eso no significaba que la fuese a dejar. Esto activaba todos sus fantasmas, potenciaba su inseguridad y hacía que sus ideas irracionales se disparasen.

En este caso tuvimos que trabajar de forma paralela varias áreas. Para conseguir que Esther aprendiese a manejar sus celos primero trabajamos su seguridad y su autoestima. Era fundamental que supiese valorarse y quererse. Aceptarse tal y como era. Para ello fue esencial que aprendiese a detectar todas esas ideas y pensamientos irracionales que rondaban por su mente e ir reestructurándolos uno por uno. Debía entender que no era la mujer perfecta, que nadie lo es, pero sí la persona que Sandra había elegido como compañera de vida, y aprender a confiar en ella. Esther dejó de controlar la vida de Sandra, empezó a aceptar planes con más personas y a disfrutar juntas de ellos.

12

La ansiedad y el estrés

Otro gran enemigo de la felicidad es la ansiedad. Y es que vivir la vida con altos niveles de estrés, sin saber cómo gestionarlo, nos puede pasar factura no solo emocional, sino también físicamente. Así, cuando tenemos ansiedad, podemos notar cómo influye en todo nuestro organismo. Afecta a la calidad del sueño —pudiendo llegar a generarnos insomnio—, al sistema inmunológico, al sistema digestivo...

¿Estrés y ansiedad son lo mismo?

La ansiedad y el estrés son un mal de la sociedad en la que vivimos. Seguro que has escuchado estas frases: «Tengo ansiedad», «Tengo estrés». ¿Pero realmente sabemos lo que es y cómo diferenciarlo? Aunque muchas veces los utilicemos como sinónimos, no lo son.

El estrés es una respuesta que produce el cuerpo ante cualquier situación de peligro. Por ejemplo, si vamos por la calle despistados y cruzamos la acera sin mirar y no hemos visto que venía un coche, el cuerpo se va a activar, se produce taquicardia —el corazón late más deprisa—, hiperventilamos —cogemos más aire de lo habitual y con respiraciones más rápidas—, los músculos se tensan...; es decir, el cuerpo se activa para prepararnos para la huida. Esto se conoce como una respuesta de estrés positiva, porque gracias a ello nos mantenemos con vida. Por ejemplo, si tienes que presentar un nuevo proyecto a un cliente, es recomendable tener una respuesta de estrés positivo, dado que te ayuda a mantenerte en alerta sobre sus reacciones y a ser más rápido a la hora de elaborar una respuesta. El problema surge cuando esta respuesta de activación del cuerpo se produce en momentos donde no hay una situación de peligro real, sino que se genera por los pensamientos que estamos teniendo. Cuando piensas «no puedo», «no llego a todo», «no me da la vida», «no voy a ser capaz de hacer esto...» o te pones en el peor escenario posible —«y si ocurre esto...»—, este tipo de pensamientos también activan una señal de alarma que hace que el cuerpo se dispare y se active, pero la diferencia es que el peligro no es tan real, es algo que está en la mente. Esta clase de activación se conoce como respuesta de estrés negativo, y cuando se mantiene en el tiempo y no tenemos recursos para afrontarlo, puede convertirse en un trastorno de ansiedad.

La ansiedad es la consecuencia de una respuesta de activación desmesurada del cuerpo que vive la situación como si en realidad estuviésemos en peligro, y esta activación se mantiene durante periodos prolongados. Sin embargo, nadie nos ha explicado qué es la ansiedad, cuáles son sus síntomas. Por eso, cuando la sufrimos, una respuesta habitual es la preocupación y el nerviosismo por no saber qué nos ocurre. Es muy habitual sentir una opresión en el pecho, un nudo en el estómago, sensación de no poder respirar, tensión muscular, taquicardia. Cuando no conocemos que la causa de esto es la ansiedad, es normal ponerse cada vez más nerviosos, por lo que la respuesta de la propia ansiedad se dispara aún más. De hecho, un porcentaje importante de la población alguna vez ha acudido a urgencias con una crisis de ansiedad pensando que se trataba, por ejemplo, de una insuficiencia cardiaca.

Saber que lo que te ocurre es que estás sintiendo ansiedad es el primer paso para poder manejarlo y superarlo.

Cuándo tengo que preocuparme

Existen varias señales que te pueden alertar de que tienes ansiedad. Por ejemplo:

– Alteraciones del sueño. Dificultad para conciliar el sueño, despertarse a media noche y no volver a dormirse, o sensación de somnolencia.
– Alteraciones de la alimentación, ya sea por exceso o por defecto.
– Cambios conductuales. Pueden acompañarse de un comportamiento irascible y agresivo.
– Alteraciones físicas. Fatiga, pérdida de cabello, aparición de urticaria, bruxismo, herpes labial, problemas digestivos, dolor de cabeza, etc.

– Alteraciones cognitivas. Dificultad para concentrarse, problemas de memoria, etc.
– Cambios emocionales. Tristeza, ira o pérdida de placer o de interés por actividades que antes nos lo proporcionaban.

Si observas estos síntomas o sientes que la situación se te descontrola, que no consigues disfrutar de lo que haces, que estás irascible, nervioso y extremadamente cansado, es el momento de pedir ayuda. No debes sentirte culpable por tener ansiedad. Pon el foco en aprender a manejarla, dado que es algo que se puede conseguir.

La ansiedad se asocia con conductas poco saludables. Así, cuando estamos ansiosos, comemos peor y descuidamos la alimentación, abusamos del alcohol y del tabaco, practicamos menos deporte y tendemos a aislarnos socialmente, lo que agrava aún más el problema, pues son estilos de vida que contribuyen a la aparición de otras enfermedades, como trastornos cardiovasculares, diabetes tipo 2, cáncer… Para evitar caer en esa espiral es conveniente conocer cómo manejar esta situación.

¿Puedo manejar la ansiedad?

Una de las cosas que más nos estresan es la sensación de falta de control. Cuando esto sucede, se dispararan los niveles de ansiedad. En ningún momento durante nuestra educación reglada nos enseñan estrategias para combatir el estrés, así que cada uno hace lo que puede para sobrellevarlo lo mejor posible. Sin embargo, cuando conocemos cómo regularlo, conseguimos que nos afecte mucho menos y podemos incrementar el bienestar emocional.

La buena noticia es que al igual que las emociones desagradables se relacionan con problemas de salud, las emociones positivas también ayudan a recuperar la salud física. Así, por ejemplo, llorar nos calma porque elimina las hormonas del estrés, la risa ayuda a producir hormonas que reparan las células...

Reconoce lo que estás sintiendo

En primer lugar es importante que sepas reconocer lo que estás sintiendo, que le pongas nombre a esta emoción. Negar las emociones, decirte que estás bien, que no pasa nada... no es bueno ni es sano. Este es el primer paso para poder gestionarlas. Negando lo que te pasa no vas a conseguir que la situación mejore o que se arregle por sí sola, y lo más probable es que te pase factura, incluso físicamente, con, por ejemplo, trastornos de tipo somático, como dolor de cabeza, problemas gastrointestinales, erupciones en la piel... Por eso es tan importante reconocer lo que sientes y decirlo —«Estoy triste, enfadado, nervioso, frustrado, estresado...»—, para que una vez que lo has reconocido, puedas aceptarlo y, a partir de ahí, regularlo.

Clima de confianza

No obstante, para que expreses lo que sientes, el primer requisito es que haya un clima de confianza. Si no, no te vas a atrever a decirlo. En familia, muchas veces damos por sentado que este ambiente de confianza viene de serie solo por el hecho de ser familia, y en absoluto es así. Debes fomentarlo de una manera consciente. El objetivo es crear un clima donde sepas que puedes contar lo que te pasa, cómo te sientes, sin que te juzguen. Que te encuentres a gusto.

Aplicar estrategias de regulación emocional

Una vez que eres capaz de reconocer y de entender lo que estás sintiendo, que le has puesto nombre a esa emoción —por ejemplo: «Estoy estresado»—, llega el momento de aplicar estrategias de regulación emocional.

En el caso del estrés, se llaman estrategias de *recovering* que te ayudan a nivelar la ansiedad; es decir, a recargar las pilas y, por así decirlo, a ir vaciando ese vaso donde se depositan esas gotitas del día a día para evitar que se termine derramando. Es muy positivo hacer cosas que te ayuden a sentirte mejor, así como planificar cuándo lo vas a realizar. Por ejemplo:

– Céntrate en lo que sí puedes hacer y en lo que tienes, no en aquello que te falta.
– Estrategias de ocio activo, como cocinar de forma placentera y relajada, hacer manualidades, dibujar, bailar, cantar...
– Practicar deporte. Sabemos que con veinte minutos de una actividad de mediana intensidad ya se empieza a contrarrestar la activación provocada por el estrés en el cuerpo.
– Llevar un diario emocional y escribir cómo te sientes también ayuda a regular las emociones.
– Practicar alguna técnica de relajación algunos minutos a lo largo del día, como puede ser la respiración diafragmática.

Autocuidado

Otra estrategia para combatir el estrés diario es practicar el autocuidado. Pasamos mucho tiempo en el trabajo y también mucho de convivencia en familia. Por eso es recomendable buscar espacios propios, para uno mismo. Aprender a disfrutar unos minutos de una taza de té o de café, y ser consciente del calor que sientes en las manos, de los aromas, de los sabores… O sentir el agua caliente deslizándose por la cabeza, por la espalda, en el momento de la ducha, disfrutar del tacto de la toalla al secarte, dedicar unos minutos a pensar en los objetivos personales…

No se trata de añadir más tareas a tu ya sobrecargada agenda, sino de ser más consciente y de disfrutar de las pequeñas cosas.

Reevalúa la situación

Puede que no seas capaz de cambiar la situación que estás viviendo, pero sí el cómo la interpretas, cómo te enfrentas a ella siendo realista y no dejándote llevar por ideas irracionales del tipo «no puedo», «esto es terrible»…, sino regulando las emociones y confiando en tus capacidades. Este cambio de perspectiva te ayudará no solo a reducir el estrés diario, sino a incrementar tu bienestar emocional.

¿Me tengo que medicar?

Los trastornos de ansiedad son, junto con los trastornos del estado del ánimo, uno de los motivos por los que más personas solicitan ayuda psicológica. Muchas de ellas vienen después de que su médico de cabecera les recetase psicofármacos. Somos el país de la Unión Europea con un mayor consumo de psicofármacos. Lo que se ha convertido no solo en un problema de salud pública, sino en un problema económico, dado que los costes derivados de los trastornos emocionales y de ansiedad ascienden hasta los veintitrés mil millones de euros entre gastos sanitarios y bajas laborales.

Los psicofármacos alivian, pero no curan. No enseñan estrategias para manejar la ansiedad; bloquean los síntomas, pero el problema sigue ahí. No hacen nada para resolverlo.

En ocasiones los psicofármacos son necesarios, pero su uso no debería extenderse más de unas semanas. Las benzodiacepinas hacen que las emociones queden aisladas, nos ayudan a sentirnos mejor, pero no nos curan, porque no nos enseñan nada por sí mismas. No aportan un conocimiento de cómo funciona el cuerpo cuando tenemos ansiedad ni nos dan estrategias ni herramientas para manejarla. Los tratamientos psicológicos van dirigidos a dotar a las personas de dichas herramientas, y han demostrado una eficacia incluso mayor que el uso de psicofármacos.

Según el estudio clínico PsicAP —Psicología en Atención Temprana— realizado con más de mil pacientes evaluados y tratados, con siete sesiones de terapia grupal, las personas ya muestran mejoría y se puede evitar el uso de psicofármacos. Se trata de aprender a manejar las situaciones con técnicas de relajación o de reestructuración cognitiva, y de esta forma se puede reducir la ansiedad y la depresión hasta tres o cuatro veces más que con psicofármacos. Además, las personas se sienten más seguras. Aprenden a confiar en ellas y saben que tienen recursos para afrontar con éxito su día a día. Por eso es tan necesario aumentar la ratio de psicólogos en atención primaria. Para conocer cómo llevarlo a la práctica comentaré el caso de Elisa. Elisa me confesó que llevaba tiempo planteándose acudir al psicólogo, notaba que le dolía la espalda, que tenía muchos dolores de cabeza, que emocionalmente no se terminaba de encontrar bien y que, además, ya no disfrutaba como antes. El día que su dentista le dijo que tenían que ponerle una férula para evitar que se le desgastasen los dientes por el bruxismo que padecía, no se lo pensó más y decidió iniciar una terapia psicológica.

Al realizar el análisis funcional, Elisa presentaba un cuadro compatible con un trastorno de ansiedad que, además, estaba empezando a afectarle incluso en lo fisiológico. Trabaja en una multinacional en un equipo multicultural. Era lo que siempre había deseado. Al principio la gran carga de trabajo era más llevadera por la gran ilusión que tenía por haber conseguido su sueño. Las reuniones interminables y las fechas de entrega tan ajustadas las suplía realizando un sobresfuerzo y trabajando más horas. Sin embargo, desde hacía varios meses sentía mucha angustia. La directora de su departamento había cambiado y su jefe actual no tenía el mismo carácter. Era mucho más brusco a la hora de pedir las cosas y Elisa sentía que no lo entendía. Había días que recibía varias órdenes y tenía la impresión de que no podía llegar a todo. Su trabajo había pasado a ser una inagotable fuente de estrés y ahora no experimentaba ilusión por participar en nuevos proyectos.

Lo primero que Elisa hizo fue realizar unos registros donde tenía que anotar el día y la hora que era, la situación en la que se encontraba —es decir, dónde estaba, con quién y lo que estaba haciendo— y las sensaciones fisiológicas.

Escribía qué notaba en su cuerpo, como, por ejemplo, taquicardia, un nudo en el estómago, tensión muscular, tensión en los maxilares... y, por último, lo que estaba pensando. A través de los registros comprobamos que el origen de su ansiedad estaba en sus interpretaciones, no en la situación en sí misma. Su jefe no tenía nada personal en contra de ella; si bien era cierto que quizás era poco empático, actuaba así con todo el equipo, no solo con ella. Sin embargo, Elisa lo vivía como algo personal. Se dio cuenta de que vivía en un estado de alerta continuo, disparando una respuesta de estrés, y dichos disparadores eran sus pensamientos —del tipo: «Tengo que hacerlo bien, pero no da tiempo; no llego a todo; es horrible tener que pasar por esto...»—. Por eso tuvo que aprender a cambiar su diálogo interno haciéndolo más realista. No se trataba de disfrazar la realidad, pero sí de ser objetiva. Por ejemplo, en lugar de decirse «Es horrible tener que hacer esta tarea», cambiarlo por «Es tedioso y no me gusta, pero puedo hacerlo».

Elisa tuvo que aprender también a controlar su ansiedad anticipatoria. Su tendencia a pensar que las cosas iban a ir mal, que iba a fallar y que su jefe la regañaría como a una niña pequeña. Al hacer un análisis objetivo de la situación, se dio cuenta de que hasta ahora sus temores no se habían hecho realidad, las cosas terminaban saliendo e incluso solían felicitarla por su trabajo. Elisa aprendió a darse valor poniendo el foco de atención en sus logros, valorando cada cosa que hacía con independencia de que su jefe le diese la enhorabuena —no era muy dado a hacerlo— o no. Combinamos el tratamiento cognitivo con técnicas de control de la ansiedad, como la relajación muscular progresiva, técnicas de *mindfulness* y el reconocimiento y la regulación emocional. Aprendió a no reaccionar de forma automática, sino a concederse un momento y, a partir de ahí, decidir cómo iba a actuar. Además, pusimos énfasis en que dejase de juzgarse por sentirse así. Elisa entendió que la respuesta de estrés es algo innato y que no debía sentirse mal por ello, que el objetivo era aprender a regularlo y a no quedarse atrapada en la emoción y, sobre todo, que cada persona necesita su tiempo para mejorar. No meterse más presión de la que ya tenía con ideas como «Debería haberme dado cuenta» o «Tendría que saber gestionarlo de forma diferente».

También trabajamos cómo evitar que la adaptación hedonista se instalase en su trabajo. Las cosas que antes le gustaban habían pasado a ser un derecho adquirido y su foco estaba más puesto en los inconvenientes que en las ventajas. Para ello Elisa dedicó unas semanas a fijarse en todo lo que le gustaba de su trabajo cuando empezó en la empresa, para volver a valorarlo. En pocos meses su ansiedad había disminuido y, aunque le seguía gustando más la gestión de su antigua jefa, consiguió volver a valorar su trabajo.

13

El director de cine interior

Otro de los enemigos de la felicidad es la capacidad que tenemos para inventar nuestras propias películas y vivir en un mundo paralelo. ¿Cuántas veces, estando en una situación, nos imaginamos mil y un escenarios posibles diferentes al que estamos viviendo?

El ser humano tiene un gran potencial para la fantasía. Los cuentos empiezan con un «érase una vez...» y nos sumergimos en un mundo imaginario. Sin embargo, el malestar empieza con un «y si...» y a partir de ahí pronosticamos lo peor que nos puede suceder.

El problema surge que con ese «érase una vez...»; el cerebro identifica que es una fábula y somos capaces de distanciarnos emocionalmente de la misma. Con los famosos «y si...» no ocurre así, la mente lo vive como cierto y empieza a sentirse como si esa posibilidad fuese real.

Si nos paramos a reflexionar, la mente no tiene tiempo verbal. Para el cerebro no existe ni el ayer ni el mañana. Solo el ahora.

Hagamos un breve experimento: te voy a pedir que durante unos minutos evoques una situación muy triste y dolorosa de tu vida. Rememora qué día era, dónde estabas, con quién..., puedes recordar incluso cómo ibas vestido. Acuérdate de cómo te sentías. Después de traer este recuerdo a tu memoria, ¿cómo te sientes ahora? Lo más probable es que vuelvas a percibir emociones similares a las de aquel día.

Ahora repite el experimento. Esta vez recuerda un momento muy positivo en tu vida o una situación en la que te hayas reído mucho. Y vas a dedicarle unos minutos a pensar dónde estabas, con quién, qué era exactamente lo que hacías. Recuerda aquellas emociones. Ahora, de nuevo, piensa cómo te sentías. Al igual que al recordar la situación triste, vuelves a sentir esa tristeza, cuando rememoras la situación alegre vuelves a experimentar esa alegría.

Esto mismo también ocurre con el futuro. Cuando imaginas que las cosas te irán bien, te sientes con fuerzas y con energías para enfrentarte a lo que las circunstancias te deparen. Sin embargo, al empezar con los «y si…» traes a la mente todos los posibles problemas con los que te puedes encontrar, comienzas a experimentar un sinfín de emociones desagradables y dejas de vivir el presente.

¿Cuánto tiempo has perdido pensando en cosas que al final no han ocurrido? ¿Y qué has ganado con eso? La respuesta suele ser nada. Así de simple. Preocuparnos por adelantado no vacuna, no previene el posible malestar asociado a la hipotética situación. Si al final eso ocurriese, has sufrido por partida doble y has llegado tan exhausto que no te quedan fuerzas para resolver nada.

146

Lo reconozco, me creo mis propias películas

Hay personas que son tan especialistas en montarse películas que más que películas crean auténticas series autobiográficas con varias temporadas. Es inevitable pensar qué hubiese ocurrido si hubiésemos tomado otras decisiones en la vida —si no hubiésemos roto con nuestra pareja, si hubiésemos tenido hijos o, por el contrario, no los hubiésemos tenido, si hubiésemos estudiado otra carrera...—, sin embargo, quedarse enganchados en ello, dándole vueltas y vueltas y imaginándonos esa realidad paralela, solo sirve para impedir que aceptemos nuestra realidad, que no seamos conscientes de la misma y que no aprendamos a disfrutarla. En definitiva, es algo que nos aleja de la felicidad.

Otras veces lo que nos ocurre es que somos nuestro peor enemigo creándonos películas que nunca llegan a hacerse realidad. Pensando, por ejemplo, «y si sale mal», «y si no les gusto», «y si se ríen», «y si tengo un accidente», «y si me da un ataque de ansiedad...», y así podríamos llegar hasta el infinito. Generalmente, no pasamos la misma cantidad de tiempo pensando «y si nos va bien» o «y si me toca la lotería» que barajando las posibilidades de fracaso y, desde luego, no inducimos los mismos sentimientos.

El problema de nuevo es cómo nos hacen sentir estos pensamientos. El cerebro se imagina que esa hipótesis es real y se disparan emociones desagradables asociadas a esta situación. Llegamos a sentirnos como si realmente tuviésemos el accidente o se riesen de nosotros. Por eso es importante frenar esta espiral.

Si nos basamos en la lógica aristotélica y lo plantéasemos como si fuese un silogismo, ocurriría lo siguiente: como no podemos falsar la primera premisa, es decir, no podemos saber si en verdad voy a tener un accidente, se van a reír de mí o voy a fracasar, se acaban las posibilidades de continuar con el razonamiento. Quizás podemos cambiar la orden del cerebro y decirnos: «¡Basta! Hasta que esto no ocurra no le dedicaré más tiempo». Al principio cuesta, pero a base de entrenar aprenderemos a tener un mayor control sobre los pensamientos.

El efecto Pigmalión y la profecía autocumplida

El problema se agrava porque muchas veces nosotros provocamos que esos «y si…» se hagan realidad. Es lo que se conoce con el nombre de efecto Pigmalión y está muy relacionado con la profecía autocumplida.

Según la mitología griega, Pigmalión fue un famoso escultor que se enamoró de una de sus esculturas, Galatea. Tan locamente enamorado estaba que la diosa Afrodita trasformó la escultura en una mujer real, de modo que Pigmalión pudo casarse con ella. Sus deseos y sus expectativas por fin se vieron cumplidas. Por eso en psicología el efecto Pigmalión se utiliza para explicar el fenómeno de la profecía autocumplida. Cómo las expectativas y las creencias que todos tenemos afectan a nuestro rendimiento, tanto en primera persona como en los demás. Y este efecto puede ser tanto positivo como negativo, dependiendo del tipo de expectativas que nos hayamos generado.

Rosenthal y Jacobson realizaron un experimento clásico en los años sesenta. Le dijeron a un grupo de profesores que habían realizado unas pruebas a sus alumnos para evaluar sus capacidades y les entregaron los resultados. La realidad es que nunca se administraron dichas pruebas y los resultados habían sido asignados al azar, siendo el nivel de los alumnos bastante similar. Sin embargo les explicaron que los resultados obtenidos en la prueba de evaluación de la capacidad de sus alumnos influiría en las notas escolares. Así, seguramente, los de puntuaciones más altas serían los que mejor rendimiento tendrían en el curso escolar. Lo que ocurrió es que, al finalizar el curso, aquellos alumnos que fueron etiquetados como los más inteligentes —según unas pruebas que nunca se llevaron a cabo— fueron los que mejores notas obtuvieron.

Lo que había ocurrido es que los profesores tenían unas expectativas más altas en estos alumnos y por eso, de forma inconsciente, ayudaron a que esas expectativas se cumpliesen. Así, los profesores tendían a interpretar los fallos de los alumnos etiquetados como inteligentes como algo puntual o a un mal día, y los de los alumnos que en teoría pertenecían al grupo con una menor capacidad como lo que confirmaba que eran menos listos. Y mientras que los éxitos del grupo con supuestamente mayor capacidad eran interpretados como confirmación de inteligencia, los del grupo de menor capacidad eran interpretados como fruto del azar.

Este efecto también ocurre en primera persona. Las ideas que tenemos preconcebidas de lo que va a ocurrir condicionan en primer lugar nuestra interpretación. Así, si pensamos que algo va a salir mal, buscaremos cualquier indicio de que esto ocurra, pero, además, corremos el riesgo de que se cumpla la llamada profecía autocumplida: nosotros mismos provocamos, aunque sea de forma inconsciente, que nuestros temores se hagan realidad. Por ejemplo, si vamos a una fiesta con dudas, creyendo que no nos lo vamos a pasar bien, nos fijaremos en todo lo que no nos gusta y nosotros mismos provocaremos el no disfrutar de la misma. Cada vez que suene una canción que no sea de nuestro agrado lo interpretaremos como «Ya sabía yo que no me iba a gustar»; o si alguien no se aprende nuestro nombre, «Ya sabía yo que no pinto nada aquí, no les intereso, soy un estorbo...». Al final, lo más probable es que no lo pasemos bien y pensemos: «¡Si ya lo sabía yo!». Y es que el lenguaje sirve como un GPS para el cerebro, le dice hacia dónde se tiene que dirigir; las palabras son sus coordenadas. Si pensamos: «Me va a salir mal la prueba, no la voy a superar, es muy difícil», e incluso imaginamos nuestro fracaso, es más probable que este se produzca. La buena noticia es que la profecía autocumplida funciona en ambas direcciones; si tienes creencias limitantes e incapacitantes, lo más probable es que afecten a tu autoestima, y que, además, provoquen que dejes de esforzarte en conseguir tus metas porque no te crees capaz. Lo que hace más improbable conseguir los resultados y de nuevo se habrá cumplido esa profecía autocumplida.

**También existen las creencias potenciadoras.
Cuando crees que puedes, generas en ti creencias positivas. Esto aumentará la probabilidad de que te esfuerces más por conseguir tu objetivo, por lo que será más probable lograrlo y eso, a su vez, hará que te sientas más empoderado.**

No obstante, no debes olvidarte de que dichas creencias han de ser realistas, basadas en el autoconocimiento, y que tienen que ir acompañadas del esfuerzo necesario para que puedas cumplirlas. De poco sirve tener creencias potenciadoras sentados en el sofá de casa sin cambiar nuestra forma de actuar.

El sesgo de confirmación

Otra de las variables que ayudan a confirmar esa profecía autocumplida es el denominado sesgo de confirmación. Y es que no podemos procesar toda la información que nos rodea. El mundo es un contexto estimular muy rico, y si tuviésemos que fijarnos en lo que ocurre a nuestro alrededor, no haríamos otra cosa a lo largo del día más que recoger información. Por eso, prestamos atención de forma selectiva. Hay estímulos para los que estamos biológicamente preparados para procesar, como la comida. Otros porque hemos aprendido que son importantes —por ejemplo, somos capaces de reconocer un grito de «mamá» o «papá» cuando viene de nuestro hijo o hija en medio de una multitud u oír nuestro nombre—. Y otros los seleccionamos de manera inconsciente. Así, prestamos atención de forma selectiva a la información que está en línea con nuestras ideas y que nos permite confirmar nuestras hipótesis y obviamos aquella que entra en confrontación con las mismas.

Y es que las personas tendemos a quedarnos con la información que confirme nuestras creencias existentes, por muy irracionales que sean, y apenas nos fijamos en la información que las pone en duda o que nos ofrece otras posibles alternativas. Si creo que soy una mala cocinera, que no se me da bien cocinar, el día que se me quema la comida actuará ese sesgo confirmando lo pésima cocinera que soy y apenas le daré importancia a todas las veces que la cena salió bien. O si creo que a una persona no le caigo demasiado bien, cualquier gesto que vea en su cara lo interpretaré como que es por mí, porque no le gusto, obviando otras posibilidades, como que no se encontraba bien o que se le había olvidado algo importante.

Este sesgo de confirmación va más allá, con ideas incluso más descabelladas. Por ejemplo, no sé si escribir a ese chico que me gustó tanto en una aplicación, pero si al abrir WhatsApp veo que está en línea, lo interpretaré como una señal del destino de que debo escribirle cuando es lo que deseaba desde el principio.

Es importante que abras bien los ojos y los oídos para recoger toda la información posible y no solo aquella que confirme tus creencias previas.

Cuando conocí a Roberto estaba lleno de inseguridades. Pidió ayuda porque tenía miedo en muchas situaciones de su vida cotidiana: a conducir, a no hacer bien una presentación en público, a no gustar a sus amigos, a que su novia le dejase... Tras realizar el análisis funcional vi que ese miedo estaba propiciado por un sinfín de ideas irracionales que se formaban en su cabeza de las que él no siempre era consciente, pero que le generaban miedo y, sobre todo, mucha inseguridad. Roberto aprendió a identificar estas ideas y, tras mucho trabajo, a ponerlas en duda. Se dio cuenta de que una gran parte de ellas empezaban por «y si...». Por ejemplo, cada vez que tenía que conducir pensaba: «¿Y si me pongo nervioso?», «¿Y si mi ansiedad hace que no pueda seguir al volante y me tengo que parar?», «¿Y si provoco un accidente?», «¿Y si en ese accidente alguien sale herido por mi culpa?»... Sin darse apenas cuenta estaba sumergido en una crisis de ansiedad a causa de enlazar varias hipótesis que ni siquiera sabía si iban a ocurrir. A esto se sumaba que las pocas veces que conducía siempre lo hacía por cuidad o carreteras secundarias con arcén, donde él sintiese que se podía parar si le daba una crisis. Cuando se ponía muy nervioso actuaba el sesgo de confirmación de Roberto y pensaba que ya le estaba dando la crisis de ansiedad y que era mejor no conducir, así que se paraba y dejaba de hacerlo.

Como parte de la terapia trabajamos mucho con reestructuración cognitiva, que es una técnica que permite poner en duda nuestras propias interpretaciones y cambiarlas por otras más objetivas y acordes a la realidad. Y también con técnicas de relajación fisiológica, como la respiración diafragmática, que le permitiese rebajar el nivel de activación y controlar los síntomas de la ansiedad. Aprendió a darse cuenta de cómo él mismo se generaba sus propias preocupaciones. En su imaginación llegaba a enlazar cadenas de hasta diez suposiciones que empezaban por «Me pongo nervioso conduciendo» y terminaba siendo el responsable de un accidente múltiple, o «Mi novia no me ha cogido el teléfono», y concluía que le iba dejar por otro. Roberto aprendió a buscar otras opciones a la hora de interpretar las situaciones, como «Estará ocupada, no podrá atenderme ahora...».

A lo largo de las sesiones Roberto iba mejorando y cada vez era más consciente de cómo su malestar era consecuencia de sus películas mentales. De las ideas irracionales que se colaban en su mente. Aprendió a detectar lo dramático que llegaba a ponerse cuando pensaba en negativo y la poca importancia que le daba sus logros y sus virtudes.

Un punto de inflexión importante apareció cuando le ofrecieron una promoción en su trabajo. Su nuevo puesto implicaba una mayor responsabilidad, un considerable aumento de sueldo y realizar muchas presentaciones en público. Roberto se lo pensó mucho, quería aceptar, suponía una gran mejoría y el dinero no le venía nada mal, pero tenía mucho miedo a las presentaciones. Por eso trabajamos de forma intensiva para que cogiese seguridad en las mismas, a no dejarse llevar por ideas fatalistas pensando que lo haría mal. Aprendió a generar autoinstrucciones positivas que le guiasen en su realización y, sobre todo, practicó, practicó y practicó, aprendiendo técnicas de comunicación eficaces. Roberto pasaba momentos de nervios, pero sabía gestionarlos y superó su miedo a hablar en público. Recuperó el control de su vida y dejó de generar tantos escenarios posibles en su cabeza.

14

El móvil como anestesiador emocional

Vivimos en un mundo cambiante donde las cosas ya no son lo que eran, donde la incertidumbre se ha instalado como parte de nuestras vidas y, por tanto, la sensación de falta de control se ha disparado. Nos cuesta asimilar tantos cambios, y eso es algo que nos genera mucha incertidumbre, que, además, suele estar asociada a la presencia de emociones desagradables, como la frustración, por no poder hacer lo que nos gustaría; la tristeza, porque echamos de menos cosas de nuestro pasado; el enfado o la rabia.

Nos cuesta gestionar la incertidumbre y tolerar las emociones desagradables que conlleva, y, por eso, para evitarlas, echamos mano de los dispositivos electrónicos, para no pensar en ello e intentar no pasarlo mal. Utilizar internet como entretenimiento no tiene nada malo. Nos abre un mundo de posibilidades a nuestro alcance que puede ser muy positivo. El problema se produce cuando lo usamos de anestesia emocional para no sentir lo que no nos gusta.

En la vida no puedes dejar de sentir las emociones agradables ni las desagradables. El objetivo será potenciar las primeras y regular las segundas. No intentar taparlas.

Muchas personas tienen miedo a quedarse solas y exponerse a sus sentimientos, a ese momento de introspección, a ser conscientes de lo que sienten, de su fragilidad, y prefieren taparlo utilizando algo que casi todos llevamos encima: el móvil. Así evitamos ese momento de conexión con nosotros mismos. Hemos cambiado la forma de relacionarnos con nosotros. Estamos perdiendo capacidad de autorreflexión porque apenas la practicamos. No dejamos espacio para estar solos.

Tenemos miedo a la soledad y a la intimidad. La tecnología evita que tengamos que hacerlo. Nos hace sentir conectados y no solos. A veces, a costa de tapar los sentimientos.

Y es que la tecnología nos los pone muy fácil, ya que podemos poner la atención donde nosotros queramos. Nos permite estar conectados sin las exigencias de la amistad. Cuando estamos con un amigo, a veces la conversación es interesante y otras no, las personas nos equivocamos, nos trabamos, decimos cosas sin sentido… y todo eso podemos ahorrárnoslo con las redes sociales e ir solo a lo que nos interesa obviando todo lo demás. Sin embargo, de esta forma perdemos la esencia del ser humano, la posibilidad de conocerlos de verdad y de aprender con ellos. Además, las redes sociales nos quitan el miedo a que los demás no nos escuchen o a pasar desapercibidos, dado que esos *likes* y comentarios que recibimos nos hacen sentirnos escuchados y alivian la sensación de soledad.

Según la doctora Sherry Turkle, autora del libro *En defensa de la conversación*, tratamos a las máquinas como si fueran humanas y, sin embargo, desarrollamos hábitos que nos hacen tratar a los seres humanos casi como máquinas. Así, de forma habitual, no nos importa poner a las personas que tenemos delante «en pausa» en medio de una conversación con el fin de revisar nuestros teléfonos. Dejamos de dar importancia a la persona que está con nosotros para otorgársela a alguien que no está, o lo que es peor, a alguien que ni siquiera conocemos personalmente, pero del que sabemos más de su vida que de la de muchos amigos.

A veces lo que nos ocurre es que tenemos miedo a estar solos y no nos paramos a reflexionar, porque sentimos que estamos o que podemos llegar a estar en crisis. No obstante, sabemos que la capacidad para reflexionar acerca de nosotros mismos y de los demás es fundamental para adquirir un correcto equilibrio emocional.

> Si no sabemos estar solos, no buscamos a los demás por el placer de su compañía, de compartir con ellos, de aprender juntos…, sino que lo hacemos para reducir nuestra ansiedad. Si no somos capaces de estar solos, cada vez nos sentiremos más solos.

La única persona que tenemos garantizado que nos va a acompañar hasta el final de nuestros días somos nosotros mismos. Si no somos capaces de establecer una relación sana y cordial con nosotros y perdemos el miedo a estar solos, lo más probable es que encontremos problemas. Para evitarlo es necesario trabajar la regulación emocional para perder el miedo a hacernos un *selfie* interior y ser conscientes de lo que sentimos. Aprendamos a llevarnos bien y estar a gusto en soledad.

¿Tienen las redes sociales la culpa de lo que me pasa?

Vivimos en un mundo que nos anima a buscar a los culpables de nuestros problemas en lugar de las soluciones. Con las nuevas tecnologías somos muy injustos. Las utilizamos, nos beneficiamos de ellas, nos permiten mantenernos conectados con familiares y amigos, teletrabajar, formarnos *online* desde cualquier lugar del mundo…, pero también las responsabilizamos de gran parte de nuestros problemas, cuando en absoluto es así.

En ocasiones, nos es más fácil buscar un culpable que sea el causante de nuestro malestar que asumir nuestra responsabilidad frente al mismo, y culpar a las redes sociales de muchos de nuestros problemas es un recurso muy fácil, pero también pernicioso y sobre todo injusto.

¿Qué ocurre cuando ponemos el foco en buscar culpables en lugar de solventar el problema? Que centramos nuestra fuerza y energía en lo que no depende de nosotros, en algo que por mucho que queramos no podremos cambiar, en lugar de focalizarnos en lo que sí que podemos modificar. Por ejemplo, pensamos que determinadas redes sociales o filtros tienen la culpa de nuestra baja autoestima cuando no es así; el problema deriva de que nos comparamos con lo que vemos proyectado en las mismas. En lugar de pensar que ellas son las culpables, nos iría mucho mejor si nos centráramos en trabajar nuestra seguridad. No obstante, esto no es excusa para no aprender, y de paso enseñar a nuestros hijos, a utilizarlas correctamente. A ser críticos con lo que ven y, sobre todo, conocer a los *influencers* que siguen, para ser conscientes de qué tipo de conductas promueven y qué valores les están inculcando. En las consultas de psicología hemos visto cómo determinado tipo de autolesiones se ha incrementado exponencialmente en la adolescencia cuando aparecen en las redes sociales. No se trata de prohibir su uso, sino de enseñarles a utilizarlas de manera correcta y de potenciar su sentido crítico.

Las nuevas tecnologías están cambiando la forma de relacionarnos con los demás. Queremos estar con otra gente, pero a la vez, en varios sitios sin perdernos nada. Estamos con los demás, pero sin dejar de estar pendientes de nuestro móvil y de conversaciones con los que no están presentes. Esto perjudica las relaciones personales, ya que nos acostumbramos a mantener conversaciones de baja intensidad mientras miramos el *smartphone* por culpa de la multitarea. Preferimos tener conversaciones a través de las redes en lugar de en persona, porque nos permiten mostrarnos cómo queremos que nos vean. Podemos manipular lo que decimos, lo que hacemos, las fotos... Al no ser a tiempo real, podemos pensar qué decir, qué colgar, qué subir... Nos generan sensación de control. Sin embargo, el mundo real es cara a cara a tiempo real y no podemos manipularlo, por lo que nos sentimos más inseguros. Aún así, la calidad de la conversación no es comparable, y los problemas es siempre mejor tratarlos y hablarlos en persona.

El mal de mis días: hiperconectividad y tecnoestrés

El móvil genera apego porque lo necesitamos para trabajar, para estar localizados... Con el despegue de las nuevas tecnologías, y las restricciones de movilidad provocadas por la pandemia de la COVID-19, el uso de las pantallas se ha disparado. Y eso ha hecho que muchas personas tengan la impresión de que, ya sea por motivos laborales o personales, siempre están pegados a una pantalla. O que ante la sensación de no estar suficientemente atento al móvil, se dispara su ansiedad. Esa sensación de coger el teléfono, tener un gran número de correos por contestar, de WhatsApp por leer, notificaciones, mensajes de cualquier tipo..., nos hace sentir que no llegamos a todo.

Hoy estamos hiperconectados, lo cual, si no lo gestionamos bien, puede complicarnos la vida, porque nos hace perder efectividad en el trabajo y, sobre todo, porque puede llegar a ser una fuente de estrés.

Uno de los factores que provocan un incremento de estrés es lo que denomina Gabriela Paoli la prontomanía, esa necesidad de responder rápido por:

- Evitar el sentimiento de culpa por no haber contestado.
- Pensar que podría ser algo importante y que se nos ha pasado.
- O la carga mental que nos genera tener una llamada, un WhatsApp sin contestar, y para evitar que sea una preocupación más, lo contestamos con la mayor celeridad posible.

Para evitarlo, no se trata de dejar de lado las nuevas tecnologías, sino de gestionarlas de forma más consciente. Tanto los adolescentes como los adultos miramos al móvil más de cien veces al día. ¿Somos conscientes de todas ellas? ¿Qué puedes hacer para sortear este estrés añadido?

1. Prueba a instalar una aplicación de tiempo de uso del móvil. Este es un primer paso para saber la cantidad de horas que pasas frente a él, y obviar ese agujero negro que se termina convirtiendo en un fagocitador de tu tiempo.

2. Se trata de ver el número de horas y, sobre todo, a qué las dedicas. No es lo mismo aplicaciones necesarias para el trabajo o para estudiar que de ocio.

3. Analiza cómo te hace sentir. ¿Estar tanto tiempo conectado te genera ansiedad?, ¿te hace pensar que no llegas a todo?, ¿echas de menos hacer otras cosas, como pasear, leer o hacer deporte?

4. A partir de aquí empieza a ser consciente de su uso y de si quieres hacer algo para cambiarlo.

5. Analiza las aplicaciones que tienes en el móvil y haz limpieza, deja solo aquellas que te aportan y desinstala las que no utilices.

6. Desinstalar las alarmas de aplicaciones, como WhatsApp, Instagram, Twitter… te dará el control sobre ellas. De esta forma tú decides cuándo y cómo las vas a consultar o lo vas a gestionar. Que no decida la aplicación por ti.

7. Otra opción que te puedes plantear es cuándo contestar a mensajes de WhatsApp, por ejemplo, cada dos-tres horas, en el hueco que tú decidas. No estar supeditado a sus notificaciones.

8. Ten muy claro que no es necesario responder de forma inmediata. Puedes decidir cuándo vas a contestar, cuándo te viene bien o cuándo te apetece. Se trata de recuperar tu tiempo.

9. Si alguien te pregunta por qué no le has respondido rápidamente, no es necesario dar explicaciones. Es cierto que muchas veces incluso nos recriminan —«Es que estabas en línea y no me has contestado»—. Aún así, no es necesario que te justifiques.

10. Tú eres el primero que debe ser consciente de tu tiempo y de cómo lo utilizas. Si no contestas con celeridad, no pasa nada. Puedes estar haciendo otras cosas o simplemente no quieres contestar en ese momento. No des explicaciones.

No es necesario que estés siempre disponible. El cerebro necesita tiempos de desconexión.

Por tanto, es importante manejar estas nuevas tecnologías y canales de comunicación con cautela, tanto en el trabajo como en tu ocio, y estar muy atento a las posibles repercusiones físicas y psicológicas que puedan presentarse en el organismo cuando internet, los dispositivos móviles y hasta las redes ocupan en exceso tu vida cotidiana.

Descanso y desconexión digital

Las nuevas tecnologías han llegado para quedarse, con todo lo positivo que eso conlleva, pero también con sus riesgos. Las horas que estamos expuestos a una pantalla se han incrementado exponencialmente dado que a las horas de ocio se suman las de trabajo o las de formaciones. Por eso es esencial aprender a desconectar. Cada persona debe pensar cuánto tiempo quiere dedicar a las pantallas, y lo que le aportan. No obstante, es recomendable:

Establecer tiempos de desconexión
Al igual que en el entrenamiento deportivo para lograr un objetivo óptimo hay momentos de carga y momentos de descarga, para un mejor rendimiento en los estudios y el trabajo lo ideal es marcar unos horarios donde estén establecidos los puntos de conexión y los momentos de desconexión con las pantallas.

Planificar descansos regulares
Por ejemplo, entre clases o entre reuniones es bueno desconectar de las pantallas, dejar de mirarlas. Es mejor aprovechar para estirarnos, mirar por la ventana, aprovechar para ir al baño, a la cocina... que mirar las redes sociales, dado que de esa forma seguiremos con la atención puesta en los dispositivos, lo que irá empeorando la capacidad de concentración e incluso la vista.

Reservar espacios libres de dispositivos
Por ejemplo, los tiempos en familia como comidas y cenas pueden ser uno de ellos. Dejemos tiempo para conversar, compartir las vivencias del día y de desconexión digital.

Buscar y reservar tiempo de ocio analógico

El ocio digital es muy entretenido y en absoluto tiene nada de malo. El problema se da cuando es nuestra única forma de divertirnos. Por ello, no debemos permitir que todo el tiempo de ocio esté relacionado con las pantallas. Establezcamos un tiempo máximo de uso y disfrute y el resto dediquémoslo a otras actividades.

Juego y ocio en familia

En los que hacer actividades todos juntos, de colaboración en las tareas del hogar... Por ejemplo, ayudar en la cocina puede ser un momento muy divertido que nos aleje de las pantallas como único objeto y mantenga el foco en un objetivo, seguir la receta y lograr cocinar un plato estupendo.

La lectura

¿Echas de menos leer? ¿La sensación de quedarte atrapado en un buen libro? Muchas personas nos cuentan que las series y las películas han desplazado ese tiempo de lectura y que lo echan en falta.

EL MÉTODO PARA INCREMENTAR EL BIENESTAR EMOCIONAL

Cuando empecé a escribir este libro, pensé titular esta parte «El método para ser feliz», pero dado que estamos hablando de que no necesitamos ser felices, que no es sano dejarnos llevar por la tiranía de la felicidad entendida como que debemos estar todo el día alegres, he considerado que «El método para incrementar el bienestar emocional» se ajusta mucho más a este mensaje.

El objetivo es conseguir sentirnos en calma, en paz, a gusto con nosotros mismos y con nuestra vida. Aceptándonos tal y como somos. Y para eso será fundamental aprender a ser flexibles, a adaptarnos a los cambios, conseguir ver lo positivo de las situaciones y sacar algo provechoso de ellas. Incluso saber que algo no nos gusta, o que no queremos estar ahí, ya es un gran aprendizaje. Tener claro cuáles son nuestros valores y permitir que nos guíen en el proceso vital.

Cuando nuestros valores entran en confrontación con la vida que llevamos, es complicado sentirnos bien y estar orgullosos de nosotros mismos y de lo que hacemos.

En esta última parte voy a hablar de cómo incrementar el bienestar emocional, pero no entendido como método científico, sino basado en la evidencia y en conocimientos de la ciencia de la psicología.

En cada capítulo de este bloque analizaremos actitudes y comportamientos que nos ayudan a potenciar esas emociones agradables tan necesarias para conseguir un adecuado equilibrio emocional, y que incluso hacen que la balanza se incline hacia el lado del bienestar emocional.

Todo ello, de una forma práctica, para que todos podamos adaptarlas a nuestro día a día.

15

El país de la piruleta no existe. Bienvenido a la realidad

Seguro que has oído que el secreto para ser feliz es ver las cosas de manera positiva. Que siendo positivo todo irá bien y los problemas desaparecerán. Sería estupendo que esto fuese cierto, pero, por desgracia, no siempre es así. Sin embargo, sabemos que lo contrario sí que sucede, si nos empeñamos en regocijarnos en lo negativo, en ver todo lo que está mal tanto en nosotros como en las situaciones que vivimos y en rumiar sobre lo trágico de nuestra vida, lo que conseguiremos es desgastarnos, hacernos sufrir y que nos quedemos sin fuerzas y sin energía para mejorar y empezar a vivir de forma diferente. Se trata de centrarnos en lo que podemos cambiar para empezar a encontrarnos mejor con nosotros mismos.

El objetivo es aprender a ser realista, a no dejarnos llevar por las ideas irracionales, los sesgos cognitivos o la profecía autocumplida. Centrarnos en lo que podemos mejorar. Puede que el mundo no sea de color de rosa, pero tampoco es tan negro como muchas veces lo pintamos en nuestro interior.

Tendemos a ser muy categóricos a la hora de describir nuestra realidad. El mundo no suele ser blanco o negro, sino que hay toda una gama de grises por descubrir; en ocasiones las situaciones se complican y son gris marengo y otras veces, gris perla. Utilizando solo el blanco y el negro perdemos los matices de la realidad y nos lleva a interpretaciones extremas que no ayudan a potenciar nuestro bienestar emocional.

Aprender a ser realista

Tal y como he comentado en la segunda parte del libro, la narrativa —el cómo interpretamos la situación— influye en nuestros sentimientos. Cuando nos dejamos llevar por el pesimismo y pensamos en todo lo que va mal, e incluso adelantamos lo que puede empeorar, no dejamos espacio para cambiar la situación y, además, generamos emociones desagradables que influyen en cómo nos planteamos el futuro.

El optimismo no tiene tanto que ver con las situaciones y los momentos que vivimos, sino que es un patrón de actitudes, pensamientos y sentimientos que caracterizan a una persona y que suelen ser bastante estables a lo largo de la vida. Mantenerse positivo cuando las cosas van bien es muy fácil; sin embargo, hablamos de optimismo cuando somos capaces de seguir buscando lo positivo pese a que las circunstancias se compliquen. Si echo la vista atrás en mi vida, creo que el 2013 fue mi peor año. No tiene nada que ver con supersticiones, sino con un accidente. Esquiando en Sierra Nevada me tiraron y caí con toda la fuerza sobre una placa de hielo. El resultado fue la rotura de la tercera y cuarta vértebra sacrocoxígeas y un desplazamiento del coxis que hizo que se me pinzaran los nervios que van por el interior de los muslos hasta los dedos de los pies. Recuerdo que los médicos me decían que iba a ser un proceso muy largo y doloroso. Pero en mi cabeza no sabía que iba a serlo tanto. Al principio no quería aceptarlo. Yo pensaba que «no podía parar mi vida», así que me compré un flotador para poder sentarme en la silla e intenté seguir trabajando, lo que empeoró aún más la situación porque me desestabilizó el resto de los músculos de la espalda y el dolor era insoportable. Hice varios tratamientos experimentales para intentar ganar tiempo al tiempo, pero nada sirvió. Después de unos meses acepté la situación, aproveché el tiempo que tenía que estar tumbada boca abajo o de lado para leer un montón de libros que llevaba tiempo queriendo leer y para descansar. Me compré una silla especial para seguir trabajando, aunque tuve que bajar el ritmo y, en ciertos momentos, incluso descansar tumbada entre las sesiones. Ese año no pude participar en congresos ni en medios de comunicación; físicamente, no podía, no podía sentarme durante más de algunos minutos sobre ciertas superficies y, además, la medicación que tomaba era tan fuerte que me costaba mantener la concentración. Echaba mucho de menos esa parte de mi vida. Sin embargo, creo que me sirvió para hacer cosas que tenía pendientes y que nunca había encontrado tiempo para hacerlas. Pasé el verano en casa de mis padres y recordé mi adolescencia y los buenos tiempos vividos en El Montico, volví a quedar con mis amigos de toda la vida. Gracias a ese parón cogí la fuerza y la energía suficiente para un año después escribir mi primer libro y luego retomar el doctorado. Me di cuenta de que no podía trabajar sola y entendí la necesidad de formar un equipo —en la actualidad ya somos siete personas en mi área—. Tuve que comprarme un cojín especial e iba a todos los sitios con él, porque si no, literalmente, no podía sentarme. ¡Elegía los restaurantes no por la comida, sino por el tipo de silla! Para mí lo importante era si el cojín se podía acoplar en ellas. Al verme sentada, muchas personas se pensaban que era muy alta ¡porque no veían el cojín! Al final, me curó el tiempo, el aceptar la situación y el sentido del humor. El cojín estuvo tres años y medio acompañándome allá donde iba. Mi marido decía que éramos un trío. Incluso años después, cuando ya estaba mejor, en medio de la selva de Laos, ¡tuve que ponerlo para poder sentarme en la silla del elefante! No obstante, había días muy complicados. Tuve la oportunidad de experimentar lo duro que es estar años conviviendo con el dolor y lo largo que se hacen ciertos días en los que no se ve la solución y solo se quiere llorar y quedarse en la cama. A veces lo hacía, y otras, en cuanto estaba un poco mejor, salía a pasear e intentaba focalizarme hacia lo que sí que podía hacer y mantenía la esperanza de que me recuperaría. Algo que me ayudó en este proceso fue evitar la rumiación sobre mi mala suerte y el porqué me había caído aquel día en Sierra Nevada. De hecho, en broma comentaba que era mucho más glamuroso romperse así las vértebras que cayéndote por las escaleras. Por cierto, procuro subir y bajar los escalones agarrada a la barandilla. Eso no me hace pesimista, pero sí precavida.

Ser optimista implica tener la expectativa de que las cosas van a mejorar, que al final saldrán, mejor o peor, pero que todo pasará. Es una actitud que nos impide caer en la apatía, en la desesperación o la negatividad frente a las adversidades. Pero no creamos que es tan simple. Cuando surgen problemas, implica analizar todas las posibles opciones y elegir la que mejor ayude a conseguir el objetivo. Implica actuar y ser perseverante.

Ser optimista es más que ser idealista y pensar que las cosas van a ir bien. Implica acción y compromiso.

El pensamiento optimista ayuda a crear un autoconcepto más positivo. Cuando nos centramos en la solución del problema, en ver qué podemos hacer para mejorar, o cuando mantenemos la esperanza de que la situación puede cambiar, favorecemos la sensación de control, lo que nos ayuda a manejar la ansiedad y hace que se incremente nuestro bienestar emocional.

¿Cómo dejo de ser pesimista?

Pesimismo y optimismo no son dos variables de personalidad. Sino que tiene mucho más que ver con las interpretaciones que haces de tu vida. Son estilos de pensamiento y todos podemos aprender a ver la situación desde otra perspectiva que nos deje más margen para actuar y sentirnos mejor.

Uno de los problemas es que pensamos que nuestros pensamientos siempre son ciertos, y pocas veces nos damos cuenta de que no tiene por qué ser así.

Nuestros pensamientos no son más que hipótesis sobre la realidad, y como tales hipótesis deben de ser verificados.

Practicar el diálogo socrático

Para poder llevarlo a cabo, una técnica que te puede ayudar es el diálogo socrático. Se trata de mantener una conversación interior que te ayude a contrastar tus pensamientos. No obstante, para ello es necesario:

1. Detectar cuáles son los pensamientos que te causan perturbación. En los capítulos 7 y 8 ofrecía ideas para aprender a detectarlos.

2. Recuerda que tus sentimientos son el resultado de tus interpretaciones y valoraciones, lo que sientes no lo ha provocado directamente la situación, sino cómo la estás interpretando.

3. Tus interpretaciones no tienen por qué ser ni las únicas posibles ni las mejores —si te hacen sentirte mal, no deben ser muy acertadas—, ni tampoco son inmutables: siempre podrás cambiarlas.

4. Aprende a distinguir entre los hechos, los sentimientos y tu valoración. Esto te da la opción de poder cambiar tu forma de valorar las diferentes situaciones.

5. Una vez que tienes esto claro, te puedes plantear las siguientes preguntas:

- ¿Qué pruebas tengo?
- ¿Qué ley lo dice?
- ¿No hay otras posibilidades?
- ¿Qué gano pensando de esta manera?
- ¿Qué ganaría pensando de otra forma?
- ¿Qué es lo peor que podría suceder?

El diálogo socrático es una técnica que te ayuda a cuestionar las interpretaciones que haces sobre tus situaciones. A valorar otras posibilidades más amables y que implican una visión menos pesimista de las mismas.

Para que te sea más fácil, puedes utilizar un registro como este, que es con el que trabajamos en las sesiones de psicología:

Día y hora	Pensamiento	Argumentos		Conclusiones
		A favor ¿Por qué creo que es verdad este pensamiento?	En contra ¿Por qué no es absolutamente verdad este pensamiento?	Planteamientos lógicos, a partir de los argumentos a favor o en contra.
	No voy a ser capaz de conseguir trabajo. La situación del país está fatal. Nunca me llamarán para una entrevista.	Estamos viviendo una crisis mundial y la situación económica no es buena.	No tengo una bola de cristal. No sé lo que va a pasar en un futuro. La situación es complicada, pero aún así, aunque sean pocas, salen ofertas todos los días. Tengo mucha experiencia y un buen curriculum. Si lo muevo podré conseguir una entrevista.	No va a ser fácil, tendré que tirar de contactos y moverme mucho, pero puedo conseguir una entrevista, hacerlo lo mejor posible y conseguir trabajo.

16

Cómo practicar
el pensamiento positivo

Si no ganas nada pensando que las cosas irán mal, ¿por qué no pruebas a anticipar un futuro mejor? Ya he comentado que el país de la piruleta no existe, que no basta con pensar que las cosas mejorarán. Si algo nos ha enseñado la pandemia por la COVID-19 es que no tenemos nada asegurado y que las cosas se pueden complicar mucho, que es importante vivir el presente y disfrutar de lo que tenemos. Pensar que las cosas pueden mejorar y salir bien te ayuda a sentirte vigoroso y con la energía suficiente para enfrentarte a tus proyectos y a comportarte de una manera constructiva. Te ayuda a abrir la mente y buscar nuevos caminos para conseguir tus objetivos. Se trata, por tanto, de establecer un plan de acción que te ayude a conseguir tus metas. ¿Cuáles son las acciones concretas que llevarás a cabo para alcanzar el fin?

El optimismo que funciona no es el que piensa que todo irá bien, sino el que se centra en la manera exacta de cómo conseguirlo.

Mi mejor yo posible

Laura King realizó un experimento en el que dividió a los participantes en dos grupos: a unos les pidió que durante cuatro días seguidos y durante veinte minutos cada día escribieran una descripción de su «mejor yo posible», es decir, debían visualizar el mejor futuro en todos los aspectos de su vida, familiar, personal, social, laboral... Al otro grupo le pidió que lo hiciera sobre otros temas variados. Descubrió que los que escribían sobre su «mejor yo posible» experimentaban un aumento del estado del ánimo, más emociones agradables y menos dolencias físicas, y los resultados se mantenían a lo largo de varios meses.

Ken Sheldon y Sonja Lyubomirsky han realizado varias investigaciones acerca del ejercicio de «mi mejor yo posible». El experimento consiste en imaginarnos a nosotros mismos en el futuro suponiendo que las cosas han salido lo mejor posible, que tras el esfuerzo se consiguen los resultados. Los participantes tenían que escribir sobre cómo realizar los sueños de su vida y cómo podían empezar a construir esa versión de sí mismos desde hoy para que pudiese hacerse realidad. Estos investigadores encontraron que las personas que practicaban el ejercicio conseguían una mejoría significativa en el estado del ánimo, además de incrementar la motivación para realizar cambios en su vida. Empezaban a ser conscientes de todo lo que podían hacer para conseguir ese mejor yo posible.

Si quieres ponerlo en práctica, es importante realizar este ejercicio por escrito, para poder dotarlo de organización y de estructura. No se trata solo de fantasear, sino de elaborar un plan realista que te permita llevarlo a cabo. De esta forma también te servirá como una tarea de autoconocimiento, para saber cuáles son tus intereses y tus motivaciones. Decidir qué es lo que quieres en tu vida. Ser optimistas y tener elaborado un plan de acción te ayudará a perseverar y seguir luchando por conseguir tus objetivos. A dedicar más tiempo y energía o valorar un cambio de estrategia cuando surgen dificultades. Además, pensar en positivo incrementa las emociones agradables, lo que te ayuda a gestionar mejor la ansiedad y el estrés. Implica ser consciente de los riesgos y de las amenazas, identificar los problemas, pero también buscar soluciones a los mismos.

El bucle cognitivo: mis emociones condicionan mi realidad

¿Sabías que las emociones y el estado de ánimo desempeñan un papel fundamental en el pensamiento, en las valoraciones que realizas y en lo que haces?

**Las emociones tienen el poder
de cambiar la forma de pensar,
interpretar la realidad y de actuar.**

Esto ocurre por el llamado bucle cognitivo, que conecta el ánimo con el juicio. Así, cuando experimentamos estados de ánimo positivos, es más probable que tengamos pensamientos positivos y que los recuerdos sean agradables, lo que hace que a su vez sigamos pensando en positivo y sintiendo emociones agradables; es decir, entramos en bucle.

No podemos procesar toda la información que nos rodea, este sesgo hace que nos resulte más fácil fijarnos y recuperar la información coherente con nuestro estado de ánimo. Esta es la razón por la que cuando estamos tristes es más habitual recordar eventos tristes del pasado y que los pensamientos sean negativos. Por eso es tan importante aprender a dirigir la atención hacia donde nosotros elijamos, no dejar que sean nuestras emociones las únicas que nos guíen en este proceso.

Un ejercicio que puedes hacer es escribir, al final del día, todos los momentos en los que sientes una emoción agradable. Aprender a fijarte en los pequeños detalles que hacen que se te escape una sonrisa, valorar unas risas con un compañero de trabajo o una conversación interesante con una amiga, disfrutar de la calma y la serenidad de los momentos a solas.

Cuando me creo todo lo que pienso: la fusión cognitiva

Rosa vino a consulta porque sentía que ya no podía más, que no podía vivir su vida pensando que las cosas iban a ir siempre mal. Sentía mucha angustia y mucha culpabilidad por no estar disfrutando y por pensar que, además, condicionaba la vida de su pareja. Al realizar la evaluación del caso comprobé que era cierto que su tendencia a pensar en negativo estaba muy arraigada, pero no en todos los ámbitos de su vida.

Rosa era funcionaria de carrera, tenía un puesto importante en la Administración y era una persona muy querida y bien valorada. En el trabajo se sentía segura, sabía lo que tenía que hacer y no solía dudar de los procedimientos. Por supuesto que pedía opinión a su equipo y a sus compañeros, pero su tendencia a pensar que las cosas iban a salir mal no se activaba. Ella explicaba que lo llevaba bien porque resolvía los problemas de uno en uno y a medida que iban surgiendo. No experimentaba esa ansiedad anticipatoria con ideas del tipo «y si sale mal». Sin embargo, en su vida personal era todo lo contrario. Tenía una hija de cinco años, Sara, y desde que había nacido vivía angustiada porque le pudiese ocurrir algo malo. Cuando Sara era bebé, Rosa se despertaba por las noches para ver si no le había pasado nada durante el sueño. Si tenía fiebre, entraba en pánico por si pudiese tener una enfermedad grave. Cuando se caía en el parque, quería llevarla a urgencias para ver que no tenía nada roto. Su entorno no era capaz de convencerla de que todo estaba bien.

Rosa vino alentada por su marido, porque quería llevar a su hija a urgencias de La Paz en medio de la pandemia por la COVID-19 pensando que se podía haber roto un dedo, cuando la niña solo se había roto una uña. Reconocía que si su marido no la hubiese frenado, se habría plantado en el hospital con la niña. Lo que aumentaba aún más su culpa, ya que pensaba que si eso hubiese ocurrido, además, su hija se podría haber contagiado de coronavirus.

El problema de Rosa es que en su mente estas opciones no se vivían solo como algo que podría ocurrir. No eran solo probabilidades, sino que eran hechos consumados —«Tengo que llevarla a urgencias porque se ha roto un dedo». «Está vomitando porque tiene una enfermedad muy grave». «La fiebre es síntoma de que algo no va bien»...—.

Además, sentía que era la responsable del hipotético malestar de Sara. Si vomitaba, no solo era por una enfermedad grave, sino que ella había sido la causante, porque la comida que le había dado no estaba en buen estado y, por tanto, era su culpa. Rosa estaba exhausta. Vivir con ese malestar asociado a que las cosas iban a ir mal y que ella era la culpable era agotador. Tenía mucha ansiedad y experimentaba pocas emociones agradables. Su estado de ánimo era muy bajo. Tuvimos que trabajar de forma intensa para aprender a diferenciar los hechos de los pensamientos. Hay personas como Rosa que entran en lo que se llama una fusión cognitiva; es decir, piensan que lo que sienten es cierto, no lo ven como una posibilidad, sino que creen que es un hecho consumado y se sienten como si esa idea fuese verdad. Había sesiones en las que Rosa lloraba con amargura porque sentía que su hija podría tener una enfermedad importante y ella se sentía como si el diagnóstico ya estuviese confirmado. Por eso, gran parte de la terapia estuvo enfocada en esta fusión cognitiva, con técnicas específicas dirigidas a ello, aprendiendo a poner en duda sus pensamientos y trabajando la reinterpretación de los mismos; con técnicas de relajación para que la ayudasen a manejar la ansiedad; y reservando espacios para ella y para las cosas que le gustaba hacer, tanto sola como con la familia, para elevar su estado de ánimo.

En las sesiones de seguimiento Rosa contaba que había mejorado mucho, pero que era consciente de que todavía esas alarmas relacionadas con que algo malo podría pasar se activaban en su mente, y que de modo proactivo tenía que poner en práctica todas las técnicas aprendidas para no dejarse llevar y volver a entrar en ese bucle de ansiedad.

Y es que cuando tenemos esta tendencia, podemos mejorar y aprender a realizar otro tipo de interpretaciones más objetivas que cambien los sentimientos, sin embargo, hay que ser proactivos en ese cambio y poner de nuestra parte. Simplemente escuchando charlas o leyendo sobre el tema es difícil conseguirlo.

17

De ilusión también se vive

El mundo cambia a gran velocidad. Los acontecimientos vividos los últimos años han puesto en jaque nuestro sistema de vida, nuestras creencias y nuestra salud mental. Han pasado una factura emocional tan alta que estamos muy cansados y muchas personas han perdido la ilusión. Las cosas no son como las habíamos imaginado y la incertidumbre ha llegado a nuestra vida para quedarse.

A todos los niveles de la sociedad encontramos personas frustradas e incluso cargadas de una rabia que no saben gestionar y la trasforman en quejas y lamentos; sin embargo, otros muchos nos demuestran que pueden aprender a ser felices y a mantener sus ilusiones pese a que no les guste la situación que les ha tocado.

Nos cuesta mantener vivas las ilusiones.
Y es que podemos vivir sin apenas dinero,
con poca salud, pero no sin ilusiones.
Cuando nos faltan ilusiones, pasamos
de vivir a sobrevivir.

Viktor Frankl, el famoso neurólogo y psiquiatra que sobrevivió a varios campos de concentración nazis, incluido Auschwitz, ya nos hablaba en su libro *El hombre en busca del sentido* de cómo afrontar el sufrimiento y de la importancia de mantener viva una ilusión a la que agarrarnos.

¿Por qué estoy tan desilusionado?

Muchas veces detrás de la desilusión hay unas expectativas demasiado altas, o poco realistas, que se vuelven inalcanzables. Esto nos genera emociones de enfado, tristeza, frustración y, sobre todo, de pérdida de ilusión. Quizás esperábamos que el examen fuese más fácil, que nuestra pareja se diera cuenta de lo que necesitamos sin pedírselo, que la jefa reconociese nuestro trabajo o que nuestros hijos se portasen fenomenal. Cuando las cosas no suceden de esa forma, la ilusión se va marchitando.

Sentir poco apoyo también nos desmotiva y hace que nos desilusionemos. Hay profesionales excelentes que dan lo mejor de sí mismos cada día, que suplen la falta de medios o de reconocimiento con una gran motivación. Sin embargo, cuando la situación se prolonga en el tiempo, además de desmotivarse, su ilusión también se desvanece.

Sabemos que cuando nos quedamos instaurados en la queja, las ilusiones se esfuman. Es cierto que cuando la situación es difícil vamos a sentir emociones desagradables, como enfado, tristeza o frustración, pero también debemos reconocer que quedarnos enganchados en la queja, rumiando sobre las distintas situaciones y soluciones, no va a ayudarnos. Por tanto, aprendamos a reconocerlas, a no taparlas, e intentemos centrarnos en lo que sí podemos hacer.

Las actitudes negativas, pensar que todo va a ir mal, ponernos continuamente en el peor escenario posible, tampoco ayuda. Nos hacen perder la esperanza y la ilusión.

¿Cómo recupero la ilusión?

Sé que puede parecer complicado, pero todos podemos hacer algo para sentirnos mejor, volver a vivir con esperanza y recuperar la ilusión. La esperanza, además de generar confianza en uno mismo y en los demás, mejora nuestras fortalezas y potencia actitudes positivas ante las situaciones problemáticas.

1. Párate y observa cómo te sientes, etiqueta la emoción sin juzgarla y sin quedarte enganchado en sus causas.

2. Una vez que has reconocido cómo te sientes, y, sobre todo, una vez que has decidido salir de la situación, llega el momento de romper ese círculo vicioso. Para ello deja de quejarte. La queja consume tus energías y las de las personas que te rodean.

3. Genera mensajes positivos, o por lo menos más realistas y menos catastróficos de los que te sueles dar o de los que trasmites a tu entorno. Las personas optimistas nos contagian de su positividad y nos trasmiten su fuerza y su energía.

4. Sé autocompasivo. Háblate con dulzura y cariño. Muchas veces nosotros mismos somos nuestro peor enemigo y no somos conscientes de que ese lenguaje interno mata poco a poco nuestras ilusiones.

5. Si te cuesta ser más positivo, prueba a hablarte como si fueses un amigo. Generalmente, con los otros no somos tan críticos y nos cuesta menos encontrar soluciones a los problemas de los demás que a los propios.

6. Sé realista. Pon el foco en lo positivo. Fíjate en los pequeños avances que haces.

7. Utiliza el sentido del humor. El sentido del humor te permite ampliar el foco, ver la situación desde otra perspectiva mucho más alejada, en la que, de forma natural, relativizarás la situación y los problemas. La risa es una forma de liberar tensiones, y como todas las actitudes, de nuevo es algo que se puede entrenar.

8. Entrena, entrena y sigue entrenando. Cambiar las actitudes no es fácil. Cuesta y mucho. Pero con esfuerzo se puede conseguir. Los cambios no se logran de la noche a la mañana.

Buscar los objetivos

El primer día, cuando las personas vienen al centro de psicología, les hacemos muchas preguntas para tener los datos de su historia. Necesitamos conocer en profundidad las áreas de su vida, para a partir de ahí, poder realizar una evaluación más específica y, sobre todo, saber cómo ayudarlas. Una de las preguntas que nos parece de especial importancia es: ¿cuál es tu mayor ilusión? Hay a mucha gente que le cuesta contestarla, y para nosotros es un indicativo importante, ya que a veces gran parte del trabajo es encontrar esa ilusión y establecer el plan de acción para poder conseguirla.

No importa que tu ilusión sea conseguir un determinado puesto laboral —vivir de una profesión en concreto—, tener muchos amigos y planes sociales, formar una familia, adoptar una mascota..., nadie puede y debe juzgar tus ilusiones, ni decirte si aspiras a algo demasiado alejado de ti o si, por el contrario, te conformas con poco. Lo importante es tener una ilusión que te anime y te empuje a seguir tu camino y que ayude a incrementar tu bienestar emocional.

Tener objetivos que te haga ilusión cumplir te ayuda a orientar tu vida, saber qué camino escoger. Cuando tus metas no están claras, vas deambulando sin saber hacia dónde dirigirte. Y en ocasiones no eres consciente de que las decisiones que has ido tomando a lo largo de la vida te alejan del lugar donde quieres llegar. Los objetivos sirven de balizas para delimitar el camino que deseas seguir.

El propósito de mi vida

Cuando conseguimos nuestros objetivos vitales importantes, aparece una sensación de intenso bienestar que suele estar acompañada de sentimientos de orgullo, satisfacción y plenitud. Sin embargo, muchas veces no es necesario alcanzar la meta, sino que el propio proceso de planificación y de implicarse en la acción, en cada una de las actividades dirigidas a conseguir ese fin, puede evocar sentimientos placenteros y mejorar el bienestar emocional. Esto es más probable que ocurra si la experiencia implica conseguir crecimiento personal y autorrealización.

Tener claro el propósito —o también llamado por los japoneses *ikigai*— no es fácil, pero es algo que todos podemos conseguir. Se trata de encontrar un porqué a nuestra existencia que nos ayude a levantarnos cada mañana y a salir de la cama con una misión clara de lo que queremos y vamos a hacer.

Cuando hablamos de buscar el propósito de nuestra vida no nos referimos únicamente al ámbito laboral, sino en todas las esferas de la vida. Sin embargo, dada la cantidad de tiempo que empleamos en los trabajos, elegir una profesión con la que nos sintamos satisfechos puede ser una excelente opción. Si no tienes clara tu vocación, responder a estas preguntas te puede ayudar:

¿Qué es lo que te gusta hacer?

La pasión es el principal motor para desarrollar tu potencial. Si no disfrutas con lo que haces, será muy complicado destacar, llegar a ser bueno y dar ese plus necesario para conseguir la excelencia.

¿Qué es lo que se te da bien?

Te puede gustar mucho algo, pero para ser bueno necesitas destacar y lograr resultados. Si no se te da bien es complicado llegar a sobresalir. No obstante, no olvides la importancia que tiene el aprendizaje, que siempre puedes mejorar gracias al esfuerzo personal y a los buenos maestros.

¿Aporta valor a otras personas?

Para que el propósito se pueda convertir en tu profesión, necesitas que esto se trasforme en un resultado por el que alguien esté dispuesto a pagar dinero. Si no, se quedará en un *hobby*, que también puede aportarte un gran bienestar emocional, sin embargo, no sería realista pretender vivir de ello.

¿Qué huella quieres dejar en las personas que te rodean?

Es complicado, pero se trata, desde el realismo, decidir cómo deseas vivir, qué clase de huella te gustaría dejar en el mundo, en las personas que te rodean a sabiendas de que no siempre acertarás y que es normal no saber lo que quieres hacer con tu vida. Cuando somos jóvenes es más difícil tenerlo claro. No obstante, puedes aprender de los errores, y en ocasiones acercarte a tu objetivo a base de descartar lo que no te gusta.

El objetivo no tiene que dirigirse solo a lo laboral, querer hacer la vida agradable a los que te rodean, a tu familia… es un propósito tan digno como conseguir un puesto de relevancia en una gran empresa.

¿Qué querías ser cuando eras un niño?

Echar la vista atrás y pensar cuál era tu sueño cuando

eras pequeño te puede ayudar a definir el objetivo. ¿Qué querías hacer de mayor cuando aún eras un niño? ¿Lo recuerdas? ¿Se acerca o se aleja de lo que estás haciendo ahora? Responder a estas preguntas quizás también te ayude a encontrar tu *ikigai* o propósito de vida.

Tener claro el objetivo, tu propósito vital, y encaminar tu energía a conseguirlo es una fuente de bienestar emocional. Sin embargo, pensar que tienes que disfrutar el cien por cien de tu tiempo y que todas las acciones que hagas deben estar relacionadas con conseguir el propósito es una falacia. En la vida también tenemos obligaciones que cumplir, quizás el trabajo actual no nos llene o no nos motive, pero eso no implica que lo abandonemos, porque necesitamos el dinero para vivir, aunque no sea nuestro *ikigai*. O peor aún, estamos en desempleo y en estos momentos hay que reformular el propósito o adaptarlo a lo que sí podemos conseguir.

Es importante que vivas alineado con tus valores, caminar hacia el objetivo, pero si piensas que el camino es en línea recta, que siempre estará señalizado y asfaltado, estás cayendo en la ingenuidad. Se trata de saber dónde quieres llegar y aceptar que el camino da muchas vueltas, que en ocasiones te perderás porque no estará señalizado, que habrá tramos muy complicados y que el objetivo es disfrutar del viaje.

18

Tomar buenas decisiones

En mi trabajo veo a personas que, al llegar a una determinada edad, o ante un acontecimiento vital que no esperaban, se plantean cómo han llegado hasta allí. Analizan los errores que han cometido, se vuelven muy críticas con ellas mismas y se lamentan por no haber tomado las decisiones correctas. Muchas veces esta situación no se debe tanto a equivocaciones a la hora de decidir, sino a la ausencia de toma de decisiones, y es que no hacer nada y dejarse llevar por la vida tiene el peligro de que nos aleje del lugar adonde queremos llegar.

La vida no es fácil y en ocasiones hay que remar contra corriente. Sin embargo, cuando sabemos la dirección hacia donde tenemos que ir, aunque sea contra viento y marea, sentimos que controlamos más que cuando simplemente dejamos que la corriente nos arrastre y nos lleve hacia donde ella quiera. En la vida tomaremos millones de decisiones, muchas de ellas sin importancia, como qué voy a desayunar hoy, qué ropa ponerme, a qué hora poner el despertador... y otras de más envergadura, como, por ejemplo, qué voy a estudiar, a qué me quiero dedicar, quiero vivir en pareja o no, quiero tener hijos... En función de las decisiones que tomamos, así vamos encarrilando la vida. Hay decisiones que nos ayudan a mantener nuestro equilibrio emocional y otras que, sin embargo, lo comprometen.

Las emociones influyen en la toma de decisiones

¿Cuántas veces has tomado una decisión bajo el influjo de una emoción, y, cuando ha pasado algo de tiempo y has conseguido relativizarlo, te has dado cuenta de que te has equivocado o de que quizás fuiste un poco exagerado en tu reacción? Los sentimientos perduran mucho más que la situación que los provocó, y en ocasiones no somos conscientes de que nos están condicionando a la hora de tomar decisiones, desde cosas tan simples como «Hoy no me arreglo» o «Elijo el color negro para vestirme porque me encuentro con el estado de ánimo bajo» a decisiones más importantes como «No me aplico para un proyecto porque no me veo con fuerzas».

Lo que sentimos influye en nuestra conducta y en nuestras decisiones. Por ejemplo, seguro que todos somos capaces de reconocer conductores iracundos que bajo el influjo de esa emoción conducen de forma agresiva e incluso toman decisiones temerarias.

Las investigaciones muestran que, cuando estamos bajo los efectos del enfado, tendemos a pensar que los demás tienen la culpa de lo que ha ocurrido. Sin embargo, bajo el influjo de la tristeza, es más probable pensar que la causa reside en circunstancias externas.

Muchas de las decisiones que tomamos en nuestro día a día se hacen de forma rápida y casi inconsciente, y esto es bueno, porque, si no, nuestra capacidad de resolución y nuestra productividad se vería resentida. Sin embargo, cuando postergamos la toma de las decisiones importantes, nos dejamos llevar y no ejercemos nuestro poder de decisión, la vida puede conducirnos por caminos que queden muy lejos de nuestro ideal soñado y que nos distancien del bienestar emocional.

¿Debo hacer caso a mi instinto?

Esta es otra de las grandes dudas que nos entran a la hora de tomar decisiones. La respuesta: no es tan fácil. Por supuesto que debemos hacer caso a nuestro instinto y escuchar lo que nos dice, pero no siempre será posible tomar una decisión solo basada en el instinto, habrá que ponderarla con otros factores, como la experiencia que tenemos ante situaciones parecidas, lo que nos dicen nuestros sentimientos y también la razón.

Para hacer una buena toma de decisiones hay que atender a la razón, pero si obviamos la parte de las emociones, quizás perdamos una información vital que podría condicionar nuestra decisión. Sin embargo, si solo escuchamos a las emociones, obviando a la razón, también es probable que nos equivoquemos, de no ser así ¡cuántas veces nos quedaríamos durmiendo en la cama y no iríamos a trabajar! Lo más normal es que una situación así tenga unas consecuencias desagradables para nosotros. Por tanto, a la hora de tomar una decisión, atiende a todas las variables importantes para ti, incluido cómo te va a hacer sentir.

> Solo hay una solución buena, así que ¡debo acertar!

Esta es quizás una de las ideas que está detrás del miedo que muchas personas tienen a tomar decisiones. Como solo hay una buena, es demasiado riesgo el que corro, mejor no decido y ya veremos lo que pasa. Sin embargo, se trata de un mito. En muy pocas ocasiones existe la situación en la que hay una sola solución correcta y el resto son incorrectas.

No hay decisiones buenas y malas. Las decisiones las tomas en un momento vital determinado condicionadas por las variables que estás viviendo; por eso, es un error pensar que te equivocaste de elección cuando han cambiado tus circunstancias vitales o cuando dispones de una información, que, *a priori*, desconocías.

Por tanto, existen múltiples soluciones para los problemas. Pon todas encima de la mesa para que puedas valorarlas. Utiliza estos dos tipos de pensamiento:

El convergente
Ocurre cuando buscas la solución correcta a un problema o una pregunta a través de un pensamiento directo y lineal. Un ejemplo podría ser cuando tienes que realizar un examen. Solo hay una solución correcta y has sido entrenado para llegar a ella.

El divergente

Asume que no hay una única solución, que existen varias posibles. No es lineal, sino que avanza en todas las direcciones.

El problema es que hemos sido entrenados en el primero y nos cuesta llevar a cabo el segundo. Pensar que solo hay una solución correcta y que para llegar a la misma siempre hay que seguir los mismos pasos limita la creatividad y bloquea la capacidad de buscar otras que pueden resultar descabelladas, pero que, sin embargo, podrían ser de utilidad. No obstante, para practicar el pensamiento divergente necesitas tiempo, espacios que fomenten tu creatividad y, sobre todo, abrir la mente y evitar juzgar las propuestas por disparatadas que te parezcan.

En las empresas, una técnica muy habitual para buscar nuevas soluciones es la lluvia de ideas, en la que varias personas se reúnen y proponen alternativas sin juzgarlas ni evaluarlas, simplemente abren la mente a otras posibilidades. Esto mismo lo puedes replicar en tu vida cotidiana. Estar abierto a todas las opciones posibles.

Pasos para tomar decisiones

Si no quieres tomar decisiones a la ligera, es importante hacerlo desde la consciencia. Así que lo primero que puedes hacer es concederte tiempo para pensar y analizar todas las opciones. Te aconsejo que cojas lápiz y papel para escribirlo o, en su defecto, un ordenador, si es que eres más tecnológico.

1. Percibe correctamente las emociones que estás sintiendo y exprésalas verbalizándolas, escríbelas para ser realmente consciente de ellas. Este primer paso te servirá para darte cuenta del efecto que podrían llegar a tener sobre tu decisión.

2. Toma nota de las intuiciones, de esas corazonadas que hemos comentado. ¿Qué te dice tu intuición?, ¿qué te manda hacer?, ¿dónde crees que deberías estar? Anótalo y déjalo reposar durante unos días, repásalo en detalle, pero sin llegar a decidir todavía nada.

3. Busca otra perspectiva. Una más objetiva que obvie los detalles nimios a los que a veces nos quedamos enganchados. Si te cuesta verlo de modo objetivo, quizás te ayude hablarlo con un amigo imparcial.

4. Analiza tu intuición. Si hicieses exactamente lo contrario a lo que te dicta, ¿qué harías?, ¿cómo te sentirías?, ¿qué conseguirías?

5. Si no tienes clara tu intuición, o crees que debes valorar otras opciones, es el momento de hacerlo. Busca todas las posibles desde una mentalidad abierta, sin juzgarlas y de momento sin desecharlas por absurdas que parezcan.

6. Elimina las alternativas poco viables y analiza las que te quedes de manera simultánea. Hacerlo de manera conjunta nos hace ser más imparciales.

7. Piensa que todas las opciones son correctas, que lo que hoy defines como bueno, cuando las circunstancias cambien, lo mismo deja serlo.

8. La decisión la tomas en el presente, pero no debes obviar las consecuencias que puede tener en un futuro. Reserva un tiempo para plantearlo.

9. Evita la rumiación improductiva. Analizar y valorar opciones es bienvenido; sin embargo, rumiar va en contra de tu bienestar emocional.

10. Las decisiones son personales. Puedes pedir opinión, pero debes tomarlas tú.

11. Procura que estén alineadas con tus valores, con tu forma de ser y con tus intereses. De esta forma te aportarán bienestar emocional.

19

Cómo motivarme. Conseguir fluir

¿Cuántas veces estamos con amigos o con nuestra familia dándole vueltas al trabajo que nos espera en la oficina? ¿O en el trabajo, pensando cómo ocuparemos el fin de semana? ¿O haciendo deporte pensando en las tareas pendientes? Nos cuesta vivir el presente porque tenemos la cabeza puesta en otro sitio. Sin embargo, seguro que alguna vez has estado tan absorto en algo —pintar, cocinar, leer, escribir, conversar…— que has perdido la noción del tiempo. Puede que incluso durante ese tiempo no te hayas dado cuenta de si tenías hambre o estabas sentado en una postura incómoda. No te importaba nada más que lo que estabas haciendo. Es lo que se llama un estado de flujo. El creador de este término es Mihaly Csikszentmihalyi. Lo descubrió en la década de 1960 cuando investigaba el proceso creativo. Al entrevistar a los artistas se daba cuenta de que se metían tanto en su obra que pasaban por alto el cansancio, las posturas incómodas o el hambre. Estaban tan absortos en ella que el resto del mundo pasaba a un segundo plano. Sentían cómo fluían, como una corriente que les transportaba.

Ese estado de ensimismamiento y concentración intenso, completamente inmersos en lo que estamos haciendo, en el que perdemos la conciencia en nosotros mismos, para focalizarla en lo que hacemos, es lo que se llama fluir.

Cuando «fluimos» notamos esa energía que nos ayuda, nos sentimos eficaces, estamos en alerta controlando que la tarea sale bien y ponemos el foco en ella, olvidándonos, durante ese momento, de las preocupaciones. Hacemos la actividad porque nos resulta placentera, no porque nadie nos lo esté imponiendo. Además, es una fuente de emociones agradables. Cuando sentimos que nuestra vida fluye, nos definimos como felices, dado que es una forma de incrementar el bienestar emocional. El flujo aumenta la sensación de control, lo que hace que reduzcamos la sensación de ansiedad, que disminuya la de peligro o las preocupaciones, como, por ejemplo, pensamientos del tipo «¿Y si lo que hago no está a la altura?», y se ve alterado el sentido del tiempo, lo que hace que la experiencia de lo que hacemos se vuelva agradable en sí misma.

La sensación de fluir es agradable y muy satisfactoria, genera sentimientos de orgullo y de satisfacción que nos sirven para aumentar la motivación intrínseca. Es decir, pasamos de hacer las cosas por lo que nos van a dar —por ejemplo, a trabajar solo por conseguir el sueldo o a estudiar para que me dejen jugar a la consola— a hacerlas porque nos gusta y porque las disfrutamos. Además, potencia el crecimiento personal, porque para poder seguir fluyendo cada vez la tarea se tiene que volver más difícil, lo que implica que vamos entrenando y mejorando nuestras habilidades. Nos volvemos más competentes y expertos, y aumenta la sensación de control, sentimos que podemos con ello.

Fluir implica vivir la vida desde la consciencia, disfrutando de lo que hacemos, generando más recursos y habilidades, aumentando nuestra seguridad, energía y también nuestra autoestima. Nos ayuda a sentirnos mejor y a incrementar el bienestar emocional.

¿Se puede fluir en todo lo que hacemos?

Seamos realistas, no vas a poder fluir en todas las tareas que te propongas. La clave está en encontrar el equilibrio entre tus habilidades y el desafío. Cuando la tarea que estás haciendo, ya sea practicando un deporte o realizando un informe, es muy complicada, lo más probable es que aparezcan sentimientos de frustración, porque con los conocimientos y habilidades que tienes no eres capaz de conseguirlo. No obstante, si la actividad es muy fácil, es complicado vivirla como un reto, dado que te aburre. Fluir está entre el aburrimiento y la ansiedad.

Para que puedas fluir con una tarea debe tener el grado de dificultad suficiente como para vivirla como un reto, pero tienes que poder solventarla con las habilidades de que dispones. Tendría que caer, según la teoría clásica del aprendizaje de Vygotsky, en la zona de desarrollo próximo, es decir, en el nivel que puedas alcanzar a través de tu esfuerzo o con la ayuda de un compañero o un maestro. Si está fuera de esa zona de desarrollo próximo, de nuevo lo que sentirás será frustración, porque, aunque te esfuerces o te ayuden, todavía no tienes las suficientes habilidades como para llevarlo a la práctica.

Recuerdo que eso es exactamente lo que me pasaba cuando estaba escribiendo mi tesis doctoral. No sabía qué era lo que tenía que hacer y sobre todo cómo hacerlo. Por mucho que me esforzaba y que lo intentaba, no estaba bien realizado y había que repetirlo. Me sentía muy frustrada y no conseguía llegar a ese estado de flujo que sí puedo conseguir realizando otras actividades. Creo que es lo más difícil a lo que me he enfrentado por ahora en mi vida, y por lo que he sentido más frustración. Hacer una tesis «por amor a la ciencia», trabajando y dedicándole los fines de semana, los puentes, las vacaciones... no es fácil. Tuve la gran suerte de encontrar mucho apoyo, sobre todo emocional, de mis familiares y amigos, que me animaban a levantarme una y otra vez, porque confieso que en varias ocasiones estuve a punto de abandonar. Una vez comprendí el proceso y entendí cómo había que hacerlo, sí que logré fluir. Es ese momento mágico en el que ves que las piezas del puzle empiezan a encajar y que tú puedes ir construyéndolo y dándole forma.

¿Cómo puedo conseguir fluir?

Tú puedes adoptar actitudes que te ayuden a fluir, tanto en tus actividades cotidianas como en tu trabajo.

1. Controla la atención. Para conseguir fluir es necesario prestar atención a algo completamente y olvidarse de lo demás. Nuestra capa-

cidad de atención es limitada y cuando hacemos varias cosas a la vez lo que ocurre es que vamos desplazando esa capacidad de una tarea a otra. Para conseguir fluir es necesario poner el cien por cien de la atención en la misma tarea y mantenerla, siendo plenamente consciente de lo que haces.

2. Evita la multitarea. La multitarea consiste en hacer varias cosas a la vez, es algo adictivo porque nos produce un subidón neuroquímico que nos convence de que estamos trabajando cada vez mejor, cuando en realidad es al revés. El rendimiento decae con cada nueva tarea que añadimos a la combinación. Las personas que abusan de la multitarea son menos efectivas, tienen más dificultades para organizarse y es menos probable que fluyan.

3. Estar dispuesto a aprender cosas nuevas. No solo en lo personal, sino también *hobbies* o, por ejemplo, una nueva receta de cocina, empezar a practicar un deporte, juegos nuevos... Recordemos la carita de admiración de los niños cuando aprenden algo. Nosotros, como adultos, también podemos fluir con el aprendizaje; requiere entrenamiento, pero lo podemos conseguir.

4. Observa qué es lo que te hace fluir. En ocasiones no somos conscientes de lo que nos hace fluir. Quizás el primer paso puede ser quitar el «piloto automático» y pasar a una «conducción manual». Y atender a nuestras emociones. ¿Cómo te sientes cuando haces tareas de forma satisfactoria? ¿Cuándo notas que dominas

la situación? O cuando la tarea está realizada correctamente, ¿quizás te sientes orgulloso, capaz, fuerte y creativo? Tomar consciencia de la tarea y de tus emociones te ayudará a ser más consciente de cuándo fluyes.

5. **Elige tu ocio.** Hoy en día la mayor parte de nuestro ocio es digital, y eso no tiene nada de malo, pero es complicado fluir cuando el ocio es pasivo. Pensemos, ¿con qué actividades de ocio nos concentramos de verdad, utilizamos nuestras habilidades? Por ejemplo, practicando deporte, haciendo puzles, escribiendo... Es importante reservar un porcentaje de ocio activo que te permita esa sensación de fluir, que contribuye al bienestar emocional.

6. **Trasforma las tareas rutinarias.** Hay tareas cotidianas que pueden ser más tediosas, pero puedes hacerlas más atractivas y estimulantes creando nuevas normas o pequeños retos. Por ejemplo, voy a hacer la cama escuchando música y me pongo el reto de terminarla antes de que termine la canción. O intento reproducir el ritmo de una canción con los dedos mientras espero el autobús. Recuerdo que mi padre, cuando conducía, iba sumando las matrículas de los coches y su reto era fijarse en las que la suma fuera mayor que la anterior. Él no lo sabía, pero de esta forma conseguía crear un microflujo de una tarea automatizada, como es conducir.

Conocí a Héctor hace ya algunos años. Trabajaba como director de zona en una empresa de construcción. Hacía unos meses que había ascendido y eso implicaba más tareas de gestión y menos trabajo a pie de obra. Estaba contento con su nuevo puesto y le gustaba ser uno de los directivos más jóvenes de la compañía. Sin embargo, echaba de menos la sensación de fluir en el trabajo, que él tenía asociada al diseño y la planificación, y que en este puesto realizaba menos. Además, las tareas de ahora y la responsabilidad de tener un equipo grande a su cargo le generaba más ansiedad.

Trabajamos técnicas para manejar la ansiedad, pero lo que fue un punto de inflexión en la terapia fue encontrar de nuevo una actividad con la que sentía que fluía, que en este caso fue la esgrima.

Héctor entendió que, si en su nuevo puesto laboral era más complicado fluir, tendría que buscar una afición con la que consiguiera esa sensación, y lo logró con la esgrima. Se planificó para entrenar tres veces por semana, y para él era sagrado, lo respetaba como algo prioritario porque era consciente del estado al que le trasportaba y la utilidad que tenía para ayudarle a recargar las pilas y manejar su ansiedad.

20

Cumplir los objetivos

Las personas que se describen a sí mismas como felices son aquellas que están comprometidas y se esfuerzan por lograr algo. Da igual que sea aprender a tocar un instrumento musical, ser mejor pareja, padre o madre, o conseguir un proyecto laboral. Hacer cosas con sentido te ayuda a encontrar tu bienestar emocional. Parece que incluso ya solo el hecho de trabajar para conseguir la meta nos reporta bienestar, no hace falta esperar a su consecución. Perseguir tu objetivo te genera sensación de control en tu vida, hace que te esfuerces por algo que te genera ilusión y que pongas en ello el foco de atención. Además, te hace aumentar tu confianza y autoestima.

Cómo fijar los objetivos propios

Antes de decidir cuál va a ser tu objetivo, recuerda la importancia que la motivación tiene en su logro. La motivación debe ser intrínseca, es decir, se trata de fijar objetivos que te resulten interesantes, agradables, que te apetezca conseguir y que estén alineados, como he dicho, con tus valores. Es mucho más complicado comprometerse con objetivos que te plantees para agradar a los demás. Los objetivos han de ser coherentes, convincentes y satisfacer una necesidad. Además, deben centrarse en alcanzar algo, no evitar algo —por ejemplo: «Quiero comer sano y mantenerme en mi peso», en lugar de «Quiero evitar engordar»— y es mejor si te ayudan a estrechar lazos con los otros. Los objetivos de actividad, en los que haces cosas distintas —por ejemplo, un máster, preparar una competición, un nuevo *hobby*— tienen un efecto más positivo en el bienestar emocional que los orientados a conseguir bienes materiales.

Paso 1: define lo que quieres conseguir
– Procura que los objetivos que te marques sean realistas. Ten en cuenta tu situación presente y tus posibilidades. Las metas, en un principio, tienen que ser menos ambiciosas de lo que te gustaría —si no haces deporte casi desde la época del colegio, el objetivo no puede ser correr un triatlón en dos meses, empieza por ponerte en forma y practicar deporte dos o tres días en semana—.
– Los objetivos deben ser concretos. Son más fáciles de conseguir. Por ejemplo, «Voy a mejorar mi

relación de pareja» no es nada específico. Hay que objetivar eso que quieres mejorar —«Voy a reservarme un día a la semana para hacer un plan con mi pareja» o «No me voy a enfadar cuando me pida que haga algo que no me gusta, lo voy a negociar»—.

- Objetivos enunciados en positivo: se trata de pensar qué quieres conseguir; por ejemplo, «No suspender ninguna asignatura» está anunciado en negativo. Tiene mucha más fuerza si lo haces en positivo: «Este curso voy a aprobarlas todas».
- Los objetivos marcados deben depender de ti, no de los demás. Por ejemplo, no puede ser «Que mi hijo apruebe», «Que mi pareja haga…». Una buena forma de reformular esto sería: «Voy a ayudar a mi hijo para que apruebe» o «Voy a ayudar a mi pareja para que consiga hacer…».
- Incluye varias áreas en tus metas. Muchas veces focalizamos los objetivos en una única, a la que dedicamos mucho esfuerzo, y esto puede hacer que el resto se tambalee, es por eso que es bueno incluir diferentes áreas: en el ámbito familiar, en el profesional, de pareja, de ocio y tiempo libre, en lo personal… Puedes ordenarlas por su grado de dificultad, de forma que, según se vayan cumpliendo las primeras, esto te reforzará y te automotivará para continuar con las siguientes. No obstante, es importante tener en cuenta que los objetivos deben ser armoniosos y no entrar en conflicto entre ellos. Por ejemplo, el objetivo no puede ser tener más tiempo libre y al mismo tiempo conseguir escribir un libro, habrá que

priorizarlos, y reformularlos: «Quiero tener más tiempo libre cuando acabe mi libro».
– Específico y con sentido. Es decir, el objetivo tiene que ser concreto y debe tener un ¿para qué? Por ejemplo: «Ir al gimnasio y practicar deporte para estar más sano, tener un cuerpo más ágil y sentirme mejor conmigo».

Paso 2: concreta cómo lograrlo
– Elabora un plan de acción para conseguirlo. Ya tienes clara cuál es tu meta, ¡perfecto!, ahora hay que dividirla en pequeños objetivos a realizar cada día, la idea es ir de lo global a lo específico: partes de los objetivos globales que quieres conseguir, y luego deberás marcarte las tareas mensuales, semanales y finalmente las diarias.
– Reserva en tu agenda el tiempo dedicado a cumplir tus objetivos, si no lo haces, al final tenderás a llenar el hueco con otras actividades que se podrían haber realizado en menos tiempo.
– Las intenciones, sin estrategias, sin planes de acción, no sirven, y es prácticamente seguro que no las llevarás a cabo. La intención no basta, hay que aplicar voluntad y persistencia.

La estrategia clave para conseguir tus objetivos es la automotivación, es decir, la capacidad para motivarse a uno mismo y generar fuerzas desde el interior que te guíen y que te impulsen a realizar las cosas. No esperes a que estímulos externos te pongan las pilas. Cuando eres capaz de motivarte por ti mismo, te fortaleces, y la posibilidad de conseguir tus objetivos aumenta considerablemente. Cuando somos pequeños realizamos las cosas para recibir el refuerzo y la atención de los que nos rodean. A un niño la motivación de que sus padres le digan «¡Qué bien lo haces!», ya le sirve, por ejemplo, para impulsar su aprendizaje lectoescritor: él quiere leer como todos sus compañeros de la clase.

Se trata de aprender a orientarnos hacia el logro, obteniendo como beneficio la satisfacción por el esfuerzo realizado, disfrutar no solo del objetivo conseguido, sino del proceso, del día a día en el que nos esforzamos por realizarlo. La ilusión y el optimismo que creamos nos ayudan a conseguir los retos con más facilidad y a sentirnos con fuerzas para enfrentarnos a los siguientes.

En este proceso te puede favorecer pensar qué te va a aportar conseguirlo. Y no solo el premio que puede ir asociado al mismo. Anticipar las emociones positivas de alegría y orgullo que sentirás al alcanzar el fin es un potente motivador para lograr llegar a la meta. El apoyo social también ayuda: prueba a contarle a tu pareja, amigos o familiares por qué es importante para ti ese objetivo. Su aliento es decisivo cuando la moral flaquea. Además, hacerlo público incrementa la posibilidad de que lo consigas, porque quieres mostrarte coherente contigo mismo y ante los demás.

Siempre puedo cambiar los objetivos

Si tu vida cambia, los objetivos también pueden hacerlo. De hecho, no tienen nada que ver los que nos planteamos con veinte años, con los de los cuarenta o con los de los sesenta y cinco, cuando ya nos acercamos a la jubilación. Por eso es importante ir adecuando y flexibilizándolos al momento vital en el que nos encontremos. También puede ocurrirnos que hallemos obstáculos o limitaciones que hagan que tengamos que cambiarlos. Por ejemplo, ¡cuántos deportistas se lesionan justo antes de correr la ansiada maratón! En esos casos no queda otra que ser flexibles y adaptar nuestras aspiraciones. Cuando la situación cambia de tal manera que ya no es posible mantener ese objetivo, podemos ejercer dos tipos de control. El control primario, en el tratamos de cambiar la situación —por ejemplo, visitar todos los médicos y fisioterapeutas para que hagan un milagro y poder seguir adelante con la competición—. Y el control secundario: en el que, en lugar de intentar cambiar la situación, cambiamos la forma de interpretarla. En este caso implicaría renunciar a la soñada maratón en esa fecha, pero conllevaría seguir entrenando, por ejemplo, con la bicicleta estática, o fortaleciendo los músculos no lesionados, adaptando el objetivo a la nueva situación.

21

¿Y si no me sale? Pues lo haces, porque la vida no es fácil y a veces no hay otra opción

Este es uno de los grandes problemas que nos encontramos hoy. Nos creímos que la vida iba a ser fácil, y nadie dijo que fuese a ser así. Como ya he dicho, los psicólogos insistimos que por eso es tan perjudicial sobreproteger a los niños. Cuando malentendiendo el amor paternal les vestimos por las mañanas, les hacemos el desayuno, les llevamos la mochila al colegio, andamos pendientes de sus tareas y obligaciones y les resolvemos sus problemas…, porque sentimos que a nosotros no nos cuesta nada, que ya tendrán tiempo para sufrir…, no solo aumentamos esa sensación de que el mundo es fácil, sino que estamos impidiendo que se desarrollen correctamente, que adquieran habilidades y recursos para valerse por sí mismos.

Lo ideal sería que la vida fuese una sensación de flujo continuo, que hiciésemos las obligaciones y las tareas porque nos apetece, pero eso sería un engaño, y como ya he comentado, el país de la piruleta no existe. Hay personas que piensan que, si no les sale de dentro, que entonces mejor no lo hacen. Bienvenido al mundo real, si no te nace o no te sale de dentro, lo tendrás que hacer igualmente, porque en la vida hay cosas que no nos apetece hacer, pero nos ponemos manos a la obra porque tenemos un compromiso personal, social o laboral, ¡o porque lo has firmado en un contrato!

A veces tienes que tirar de cabeza y no solo del corazón para llevar a cabo aquellas tareas que te resultan ingratas, pero que son necesarias.

De ilusiones se vive, pero no se come

Muchas veces tenemos que enfrentarnos a tareas que no nos agradan, que no nos gustan, pero que no tenemos opción de no hacerlas. Hay personas que viven atrapadas en trabajos que no les gustan o que no les satisfacen. En esos casos, el mensaje que doy en consulta es: vamos a valorar qué es lo que te gustaría hacer, a qué te gustaría dedicarte. Quizás contestar a las preguntas que nos planteábamos en cómo saber cuál es el propósito de tu vida ayuda a tenerlo más claro. Sin embargo, no siempre es posible tener el trabajo de nuestros sueños o vivir de un proyecto que, aunque nos apasione, económicamente no es viable. Es difícil de aceptar: tener ilusiones nos ayuda a incrementar el bienestar emocional, pero no nos da de comer. Por eso, a veces hay que tomar decisiones duras y buscar cosas que nos motiven fuera del ámbito laboral. El problema surge cuando el mayor porcentaje de las cosas que hacemos las hacemos sin ilusión, cuando apenas hay opciones para fluir, cuando sentimos que no tenemos elección.

El trabajo no lo es todo

Si no conectas con tu trabajo, puedes tomar varias alternativas que no tienen que ser excluyentes entre sí:

1. Valora cuál es tu propósito, a qué te gustaría dedicarte.

2. Una vez que lo tengas claro, saca tu parte práctica y analítica, saca el Excel y la calculadora y a ver si salen los números. Puede que tengas muy claro que quieres dejar un trabajo, pero si los números no salen, aunque sea más difícil, hay que realizar la búsqueda en paralelo. Sin embargo, si tu situación es de desempleo, entonces es el momento de poner el cien por cien de la energía en ese proceso de búsqueda.

3. Incluso el trabajo de tus sueños conlleva tareas que no te van a gustar. Es muy complicado que te guste todo lo que tienes que hacer. Seamos adultos razonables: a veces hay que hacer cosas que nos desagradan, pero que forman parte de nuestra responsabilidad.

4. El trabajo no lo es todo en la vida. Es cierto que pasamos muchas horas y que es mejor sentirnos realizados. Pero la vida es mucho más. ¿Qué otras cosas te gustan? Quizás te encanten las manualidades o el punto de cruz, o seas

un experto en repostería. Se trata de buscar cosas que te llenen, que te motiven y que sean fáciles de hacer. O quizás tu foco de atención y lo que te hace sentir bienestar es pasar tiempo de calidad con tu familia.

Si te sientes atrapado en un trabajo que no te gusta, tienes dos opciones: cambiar de trabajo o cambiar la visión que tienes de él. A veces la primera no es tan fácil, sin embargo, siempre puedes ver lo positivo que tiene el trabajo actual: puede que te guste el horario, o la zona donde está, o la amistad que has hecho con algunos compañeros, o quizás simplemente te ayuda a pagar las facturas. Poniendo el foco en lo que te aporta, conseguirás llevarlo mejor.

No olvides que eres el dueño de tu tiempo libre, ¿a qué quieres dedicarlo? Aunque solo sean unos minutos, ¿en qué decides emplearlo? Debes ser consciente de tu elección y de lo que te aporta. Por ejemplo, sabemos que tener hijos es agotador y que supone una gran carga de trabajo. Sin embargo, ¿has probado a fijarte en todos los momentos agradables que pasas con ellos? ¿En las risas y las caricias?

Miguel es la persona con más paciencia y sentido común que conozco. Siempre está dispuesto a ayudar a los demás, a sus familiares, amigos... y tenerle de compañero de trabajo es una bendición porque, utilizando su mejor sonrisa y sentido del humor, te echa una mano. Cuando le pregunto a Miguel cómo lo hace, cómo consigue no enfadarse y ayudar a todo el que se lo pide, aunque en ocasiones son tareas ingratas o no le correspondería hacerlas a él, responde de forma clara:

—No siempre nos va a gustar todo lo que hacemos. Hay que asumir que en ocasiones tenemos que hacer cosas que no nos gustan, pero eso no nos da derecho a volcar nuestra frustración en los demás.

Miguel sigue esta máxima en su vida: trata a las personas como le gustaría que le trataran a él, y lo aplica en todos los ámbitos. Da igual que sea haciendo la compra que en una reunión de empresa. Cuando no sabes hacer algo te enseña con su mejor sonrisa y te invita a aprender a hacerlo. Es capaz de hacerte reír, y cuando te dice entre risas «Lucha por tu vida» consigue que la persona que tiene delante preste atención para que aprenda cómo se soluciona su problema.

22

Los pilares del edificio

Estamos hablando mucho de cómo incrementar nuestro bienestar emocional, cómo sentirnos mejor, cómo disfrutar de las emociones positivas, pero todo esto será muy complicado sin los cimientos básicos de una vida saludable: la alimentación, el sueño y la actividad física.

Sin una correcta nutrición, un correcto descanso y sin realizar un mínimo de ejercicio físico, es muy complicado conseguir un correcto bienestar emocional.

Muévete

Cuando no nos movemos y no hacemos suficiente ejercicio es como si tomásemos drogas depresoras que nos incapacitan para disfrutar de la vida en toda su amplitud.

No es necesario que sea una práctica deportiva concreta. Basta con movernos, alcanzar un nivel de actividad física suficiente que nos ayude a liberar neurotransmisores, como la dopamina, la serotonina y la acetilcolina, que hacen que se genere un sentimiento de bienestar e incluso que mejore nuestra imagen.

El ejercicio físico sirve para entrenar el cuerpo y la mente, dado que promueve la memoria, la agilidad y la flexibilidad mental, previniendo incluso el deterioro cognitivo. Como consecuencia de un efecto protector cardiovascular, la actividad física disminuye el riesgo de sufrir un infarto cerebral y mejora la función cognitiva reduciendo el riesgo de padecer demencia y alzhéimer. Practicar ejercicio regularmente incrementa la producción de células del hipocampo, que son responsables de la memoria y el aprendizaje.

El ejercicio físico reduce el estrés. Con veinte minutos de ejercicio de mediana intensidad ya se empiezan a contrarrestar los efectos negativos que, por ejemplo, la ansiedad tiene sobre el organismo, pues se incrementa la producción de norepinefrina —noradrenalina—, que puede moderar la respuesta del cerebro al estrés. Además, aumenta la autoestima, ya que el ejercicio continuo mejora la imagen que tenemos de nosotros mismos y las relaciones sociales. Al aumentar la autoconfianza es más probable que nos abramos a los demás, y si a eso sumamos que el deporte se realiza en grupo, es una forma excelente de conocer gente nueva. También nos ayuda a ser más productivos. Diversas investigaciones muestran que los trabajadores que practican ejercicio o deporte regularmente son más productivos y tienen más energía que sus compañeros sedentarios. El ejercicio físico también nos ayuda a controlar las adicciones —los deportistas fuman y beben menos— y a conciliar el sueño.

Las personas que realizan ejercicio regularmente perciben que tienen una mejor salud, menor nivel de estrés y mejor estado de ánimo. Si lo tuyo no es la ropa deportiva, basta con calzarte un zapato cómodo y salir a caminar. Lo importante es que sea una práctica que mantengas de manera constante a lo largo del tiempo.

Come sano

El cuerpo necesita combustible para funcionar, y ese combustible es el alimento y la bebida que ingerimos. Una nutrición desequilibrada reduce la energía y causa una mala salud. La relación entre la alimentación y el desarrollo de enfermedades —como la diabetes, enfermedades cardiovasculares o el cáncer— está ampliamente estudiada.

A muchas personas les cuesta mantener una alimentación sana porque están utilizando la comida como un regulador emocional; es lo que se conoce como hambre emocional. Cuando sienten emociones desagradables intentan taparlas con alimentos ricos en grasas o azúcares ya que al comerlos se experimenta una sensación de placer a causa de la liberación de endorfinas y dopaminas; sin embargo, en cuanto se acaba el plato, también se termina el placer y los sentimientos desagradables que desencadenaron las ganas de comer permanecerán. En estos casos es necesario trabajar desde el origen del problema y aprender a reconocer las emociones, comprendiendo las causas y las consecuencias, y conociendo estrategias específicas para regularlas. Pensemos en la cantidad de veces que nos comimos unos pasteles porque estábamos tristes o enfadados, cuando los pasteles se acaban, la situación no se ha arreglado porque no hemos atacado el origen del problema, y además lidiamos con una emoción nueva: la culpa. Tan importante como cuidar la alimentación es cuidar la hidratación. Para que el cuerpo funcione correctamente debe estar bien hidratado. No somos conscientes de que un nivel de deshidratación de tan solo el dos por ciento ya implica una disminución de la memoria a corto plazo, de la puntería, de la percepción de discriminación, del rastreo visual motor, de la atención, de la eficiencia aritmética y del tiempo de reacción.

Descansa

El sueño tiene un fin reparador, sirve para bajar la ansiedad, es un proceso de regulación natural. De modo que cuando no dormimos bien, nos levantamos más irascibles, y ante los acontecimientos diarios, es más probable que la situación se descontrole. El sueño contribuye al equilibrio psicoemocional. Además de fortalecer el sistema inmune.

La falta de sueño está ligada a la depresión, la ansiedad y los problemas psicológicos.

El sueño también sirve para que nuestros conocimientos y las vivencias del día a día se almacenen en la memoria, por eso, cuando no dormimos bien, nos resulta más difícil mantener la concentración.

En el caso de los niños el sueño adquiere todavía una mayor importancia, dado que en la fase REM se segrega la hormona del crecimiento. Por todo ello es necesario que tanto los niños como los adolescentes y los adultos tengamos un sueño reparador. Con una suficiente cantidad de horas —diez a once los niños, nueve los adolescentes y una media de ocho los adultos— y una adecuada calidad de sueño.

¿Afectan las pantallas a la calidad del sueño?

Hay muchas personas que nos comentan que tienen dificultades para conciliar el sueño, y no están siendo conscientes del efecto que las pantallas tienen sobre el mismo.

Entre los factores que afectan a la calidad del sueño está el uso y el abuso de dispositivos electrónicos antes de irnos a dormir.

El uso de móviles y tabletas antes de irse a dormir afecta a la glándula pineal, que es la encargada de producir melatonina. La melatonina es la hormona del sueño. Cuando llega la hora de dormir nuestro cuerpo segrega dicha hormona, que nos ayuda a conciliar el sueño. Si el cuerpo no segrega esta hormona, dormimos poco y mal. La luz afecta a la producción de melatonina, por eso es aconsejable dejar de mirar las pantallas un tiempo antes de irnos a dormir y, además, dejarlas fuera del dormitorio. De esta forma, evitaremos cogerlas si no tenemos sueño, o cuando nos despertamos por la noche. Cuando esto ocurre entramos en un bucle infinito de «cómo no me puedo dormir, miro el móvil o la *tablet* y esto asimismo hace que cada vez me cueste más conciliar el sueño». Las pantallas en absoluto sirven para inducir el sueño, sino que alteran nuestro ritmo circadiano. Por tanto, es bueno que los dispositivos electrónicos de toda la familia, incluidos los de los niños y adolescentes, estén fuera de la habitación durante la noche.

23

Invertir en relaciones sociales

¿**S**abías que el número de amigos —pero de los buenos, no de los de las redes sociales—, la frecuencia de los contactos sociales y la calidad de las relaciones íntimas influyen mucho más en el bienestar emocional que el dinero que tenemos en la cuenta corriente?

El dinero no da la felicidad; los buenos amigos, sí.

La relación causal entre el bienestar emocional y las relaciones sociales es recíproca. Es decir, tener amigos, sentirse respaldado, quedar con ellos, hacer cosas juntos..., proporciona un sinfín de emociones agradables y, a su vez, las personas que se sienten bien, que tienen un correcto desarrollo de su bienestar emocional, es más probable que tengan una red de amigos más amplia y de una mayor calidad. Es otra manera más de conseguir entrar en esa espiral ascendente de emociones positivas, de la que ya he hablado.

La necesidad de formar vínculos estables y duraderos tiene una base evolutiva, y es que la clave de la supervivencia del ser humano está en vivir agrupados en sociedades. Por eso nos cuesta tanto aceptar cuando una amistad se rompe.

Los amigos nos proporcionan apoyo social, es decir, nos ayudan en los buenos y en los malos momentos —nos llevan al hospital si estamos enfermos, nos ayudan a realizar una mudanza...—, pero también nos dan apoyo emocional, nos escuchan y nos brindan consuelo o soluciones alternativas para nuestros problemas. Además, las relaciones no se desgastan con el paso de los años, sino que si las hemos alimentado, crecen y se fortalecen. Un buen ejemplo de ello es cuando quedamos con los amigos de toda la vida. Puede que por circunstancias vitales ya no podamos vernos tan a menudo como nos gustaría, pero basta con que pasen cinco minutos para sentir que es como si hubiésemos estado juntos ayer mismo.

Para mí la amistad es uno de los pilares más fuertes de mi vida, y mis amigos lo saben. Tengo amigas a las que conozco desde los tres años de edad, porque empezamos juntas el colegio, otras llegaron a los doce, a los dieciocho, ya en la universidad, en el colegio mayor, en los diferentes trabajos... y aunque no podamos vernos todo lo que nos gustaría, porque vivimos en diferentes ciudades o por las circunstancias vitales, me encanta esa sensación de que el tiempo no pasa, que nos seguimos riendo con las mismas historias y, sobre todo, ese apoyo incondicional.

Tener apoyo social de los amigos y de la familia es fundamental para la salud psíquica. Pero, además, es importante sentir ese apoyo y saber que tendremos ayuda si la necesitamos.

Personas corcho y personas plomo

Todos y cada uno de nosotros generamos emociones en los demás. Estas emociones pueden ser agradables o desagradables. Detengámonos por un segundo y hagamos una reflexión:

– ¿Cómo te comportas con la gente que te rodea?
– ¿Tratas a todo el mundo de la misma manera?
– ¿Qué emociones crees que has provocado en cada uno de ellos?

Es curioso, porque cuando analizamos y reflexionamos sobre esto, muchas veces nos damos cuenta de que en ocasiones, a mayor confianza, peor trato. De hecho, ¿cuántas veces pagamos con la familia o con la pareja un mal día en el trabajo o una faena que nos hizo alguien? Y la peor parte se la llevan las madres, ¿no has pagado nunca la frustración de algo que nada tenía que ver con ella, con tu madre? Se produce un hecho muy curioso, y es que, aunque sea de forma inconsciente, la mayoría de las personas sabemos que nuestra madre está ahí y nos quiere incondicionalmente, lo que hace que, a veces, y aunque sea sin premeditación, la utilicemos como un saco de boxeo virtual. Descargamos en ella lo que no nos atrevemos con los demás. Cuando trabajamos esto en terapia y empezamos a ser conscientes de las emociones que generamos en los demás, que nuestros actos o nuestras palabras pueden herir a las personas que más queremos, conseguimos que cambie la dinámica familiar.

Se trata, por tanto, de tomar consciencia de cómo tratas a los demás y, sobre todo, de entender qué tipo de emociones les generas.

Por ejemplo, las personas corcho son aquellas que consiguen sacarte tu mejor sonrisa, que sientes que te apoyan y te ayudan, que son como un corcho que flota al que puedes agarrarte para no hundirte en medio del océano; son como un salvavidas en nuestro día a día. Sin embargo, la gente plomo es aquella cuya tendencia es la contraria: se hunden y se llevan consigo a quienes estén a su alrededor. Con sus quejas, sus protestas, su forma de hablar y de dirigirse a los demás consiguen hundirnos y nos dejan sin energía. Hacen el efecto inverso: en lugar de ayudarte a mantenerte a flote, te arrastran hacia el fondo del mar.

Todos podemos tener un mal día, no obstante, si la tendencia es generar mal ambiente o sentimientos desagradables, no es de extrañar que en el trabajo los compañeros nos rehúyan y no nos esperen para ir a tomar un café, o que no recibamos muchas invitaciones para planes sociales. Sin embargo, cuando de forma habitual tendemos a generar sentimientos agradables en los demás, lo más probable es que cuenten con nosotros para planes de ocio.

¿Quieres que los demás se acerquen a ti? Sonríe

Existe un truco muy fácil para que nos perciban como más atractivos y generar afecto positivo en los demás, ¿quieres saber cuál es? Sonreír. Las personas que sonríen son

230

percibidas como más generosas y extravertidas. La sonrisa sirve para generar confianza y es más probable que caigamos bien a nuestro interlocutor si sonreímos.

La gente se siente atraída de manera inconsciente por las personas que sonríen. Si estamos en una fiesta, lo habitual es que iniciemos una conversación con quien está sonriendo, no con quien está con el ceño fruncido. Además, como la sonrisa es contagiosa, cuando alguien nos sonríe, lo normal es que le devolvamos la sonrisa, no porque sea un tema social o por educación, sino porque se activan las neuronas espejo, lo que facilita la creación del vínculo.

Sonreír aumenta la confianza en uno mismo y en los demás. Sin embargo, cuando ocultamos la sonrisa —por ejemplo, cuando nos tapamos la mano con la boca—, se puede interpretar como que estamos faltando a la verdad o que estamos nerviosos. Si, además, combinamos la sonrisa con no quejarnos de forma compulsiva, con buscar soluciones en lugar de problemas y con no hablar mal de los demás, todos podemos convertirmos en personas corcho. Elige cada mañana cuando te levantes qué quieres ser, un corcho o un plomo.

Hacer amigos

Las amistades no surgen por casualidad. La casualidad puede favorecer que conozcas a una persona, pero la amistad se construye de modo consciente. ¿Qué puedes hacer para lograr esa amistad?

1. Dedica tiempo. Se trata de mostrar interés por los demás y de brindarles estímulos agrada-

bles. Ese tiempo se puede asociar a rituales, como quedar para ir al gimnasio, comer, tomar un café, realizar una actividad juntos... Debes conseguir que los amigos se conviertan en una prioridad en tu vida. No obstante, es importante respetar los espacios y entender que cada uno tiene su propia vida y otras amistades, pareja, familia..., ya que, de lo contrario, fiscalizar la vida de los amigos, pedir explicaciones cuando no quedan contigo o mostrarte celoso de sus planes con otras personas es la manera ideal de cargarse una amistad.

2. Comparte información, comunícate. Los amigos se hacen confidencias sinceras. Es muy complicado que una amistad evolucione hablando del tiempo y de banalidades. Cuando contamos cosas de nuestra vida generamos confianza y fomentamos la intimidad.

3. Escucha atentamente. Del mismo modo que cuando nosotros contamos nuestras preocupaciones, cuando nuestros amigos nos cuentan las suyas se merecen que practiquemos la escucha activa, es decir, me olvido de mí para que ahora solo existas tú, te atiendo, te miro a los ojos y valido las emociones que estés sintiendo, te entiendo.

4. No des consejos si no te los piden. Cuando un amigo te cuenta su problema, lo que necesita es que le escuches, y solo cuando ha terminado y se haya sentido comprendido y escuchado, es cuando podrás preguntarle si necesita un consejo o si quiere que le digas qué harías tú en su lugar.

5. Respeto. Eso implica, además de apoyar, saber guardar los secretos y no hablar mal de esa persona a sus espaldas.

6. Devuelve los favores. Las amistades son equilibradas, se da y se recibe. Es cierto que en ocasiones una persona puede estar pasando una mala racha y necesite más ayuda. Pero igual que nuestros amigos nos hacen favores, si queremos mantener la amistad es necesario devolverlos.

7. Muestra afecto. Abrazar es una muestra de afecto excelente para la intimidad y para la amistad. Los abrazos nos acercan, reducen el estrés y mitigan el dolor.

Cuándo romper una amistad

Ya he comentado que los amigos son un tesoro y una increíble fuente de bienestar emocional; sin embargo, no siempre todas las personas que forman parte de tu vida tienen un interés sincero en ser tus amigos, sino que en ocasiones quieren sacar provecho de esa situación y te utilizan, dando lugar a relaciones muy descompensadas. Esto es precisamente lo que le ocurría a Irene. Cuando vino a consulta contó que tenía una gran amistad con su compañera de trabajo, Elena. Al principio esta era muy amable con ella y se ofrecía a hacerle favores. Sin embargo, con el tiempo, Elena fue cambiando de actitud. No le gustaba que Irene se relacionase con más gente de la empresa, si salía a comer con otras personas, no le decía nada, pero al volver la miraba mal y no le hablaba. O cuando Irene le contaba que había quedado con amigos para hacer planes de ocio,

Elena los criticaba, ninguno le parecía bien. Con el tiempo la situación fue empeorando. Elena pedía muchos favores a Irene y ella se veía obligada a hacerlos porque si no, se enfadaba mucho y dejaba de hablarle. Sin embargo, cuando era Irene quien necesitaba ayuda, Elena estaba muy liada y no podía ayudarla.

Elena le insistía en que ella era su única amiga de verdad, la que de verdad la quería y la entendía, que el resto no estaba a su altura, y que, además, ella la ayudaba mucho en el trabajo. Incluso le decía que, sin su ayuda, no sería capaz de realizar sus tareas y que mantenía su puesto en la empresa gracias a ella. Irene tardó tiempo en darse cuenta de que Elena la manipulaba, que, en lugar de alegrarse por sus logros, los minimizaba quitándoles importancia, o que cuando quedaba con otras personas, se enfadaba con ella por dejarla fuera. A Irene le costaba parar a Elena y ser asertiva con ella, no le gustaba el mal ambiente que se generaba cuando estaba enfadada y por eso cedía. Sin embargo, la situación cada vez iba a peor, Elena exigía mucho y daba muy poco.

Irene trabajó en conseguir la suficiente seguridad como para darse cuenta de que no dependía de Elena, que era ella quien hacía su trabajo de forma correcta, que la relación era tremendamente desigual y que el resto de sus amigos no le exigían esa dedicación y se alegraban ante sus logros. Le costó mucho tomar la decisión, pero con el tiempo se dio cuenta de que, además, Elena lo que quería era conseguir su puesto y que se había dedicado a hablar mal de ella a sus espaldas. Irene ganó confianza y seguridad, y aprendió a distinguir a los verdaderos amigos de las personas que solo se querían aprovechar de ella.

Hay personas que cuando llegan a tu vida
la hacen más fácil y divertida, y otras que,
sin embargo, es cuando se van cuando
realmente la mejoran.

La familia que elijo

La familia es una fuente inagotable de emociones. De todo tipo: agradables, pero por desgracia también desagradables. Es maravilloso tener una familia que nos quiera, de la que nos sentimos parte y sabemos que nos apoya, que está ahí para lo bueno y para lo malo. Pero no siempre es así, y hay personas que tienen la desgracia de haber nacido en familias patológicas o en las que no sienten que sean aceptadas y queridas.

Es muy complicado y doloroso romper una amistad porque se ha vuelto nociva para nosotros. Pero todavía es más difícil cuando las personas tóxicas son aquellas con las que mantienes lazos de sangre. Sin embargo, hay una familia que nosotros elegimos, que decidimos que forme parte de nuestra vida: nuestros amigos. Con ellos podemos decidir el tipo de vínculo que queremos tener. Si lo pensamos, hay amigos con los que tenemos un vínculo mayor y un contacto más cercano que con muchos familiares.

Conocí a Elsa hace años. Tenía muchas ganas de ser madre y el día que se enteró de que estaba embarazada estalló de alegría. Sin embargo, al poco tiempo llegaron las malas noticias. El bebé venía con malformaciones. Aun así, decidió seguir adelante con el embarazo. Se sentía capaz de cuidar del bebé y quería tenerlo. No obstante, confesaba que para lo que no estaba preparada era para la reacción de su pareja, que le dijo que no contase con él, que él no quería hacerse cargo del niño y que prefería que abortase. La respuesta de sus padres tampoco fue la que esperaba, ya que también le dijeron que no continuase adelante, que ellos no lo iban a apoyar. Elsa se quedó destrozada con la actitud de su familia. A pesar de todo, siguió adelante y tuvo un bebé precioso, con muchas dificultades y que necesitaba todo su apoyo y dedicación, pero estaba segura de que su decisión fue la correcta. Elsa rompió con su pareja y se alejó de sus padres. Con lo que no contaba, y esta vez de forma positiva, era con la reacción de sus amigas. Algunas de ellas están fuertemente involucradas en la crianza del bebé. La ayudan, la acompañan a los médicos, a las intervenciones, se quedan con el niño cuando Elsa lo necesita... Aunque todavía le cuesta aceptar la reacción de sus padres, es consciente de que ha encontrado una nueva familia en sus amistades, quienes sin pedirlo están ahí con ella y con su hijo.

24

Cosechar emociones agradables: la gratitud y la amabilidad

*La verdadera felicidad
consiste en hacer felices a los demás.*
Proverbio hindú

Sabemos que expresar gratitud es una fuente de bienestar emocional. Ser agradecido es mucho más que ser educado y decir gracias. Implica reconocer las cosas que los demás hacen por nosotros y valorar lo que tenemos; no dar las cosas por sentadas, sino disfrutar de la vida, viviéndola de forma plena y disfrutando del presente.

La gratitud neutraliza emociones desagradables, como la envidia, la avaricia, el rencor, y te ayuda a sobrellevar las preocupaciones.

Robert Emmons define la gratitud como un sentimiento de asombro, agradecimiento y apreciación por la vida. Las personas que suelen estar agradecidas experimentan emociones positivas con mayor frecuencia, son más optimistas y tienen más energía. Cuando atendemos a lo que los demás hacen por nosotros, y lo que les importamos, se refuerza la autoestima y nos da seguridad y confianza. Además, expresar gratitud ayuda a estrechar vínculos sociales, a aumentar la confianza en las relaciones ya existentes y a facilitar las nuevas.

La gratitud también ayuda a afrontar las situaciones estresantes, dado que nos permite reevaluar la situación y centrarnos en seguir adelante, evitando que la adaptación hedonista, de la que ya he hablado, se instale en nuestras vidas, porque al agradecer las cosas buenas de la vida evitamos que nos acostumbremos a ellas y dejemos de valorarlas.

¿Cómo consigo ser más agradecido?

Cuando pensamos que los familiares, los amigos o la pareja tienen que hacer algo en concreto pueden ocurrir dos cosas: la primera es que no lo hagan, entonces aparecerán sentimientos de enfado porque considerábamos que era necesario que lo hiciesen. La segunda es que lo hagan, sin embargo, al pensar que era su obligación no dejamos espacio para la gratitud y de esta forma experimentar una emoción agradable. Ya comenté la importancia que tiene la narrativa y el efecto que las ideas irracionales del tipo «los demás deben o tienen que...» pueden tener sobre nosotros y sobre cómo influyen en nuestros sentimientos.

Hagamos una pequeña reflexión: ¿cuántos contratos hemos firmado en la vida donde se especifique lo que los demás tienen que hacer por nosotros? Firmamos contratos de trabajo, de alquiler, incluso muchas personas se casan y lo firman ante un juez, pero ni siquiera en este último caso pone de forma concreta lo que se debe hacer. Por tanto, si partimos de la premisa de que nadie tiene que hacer nada por nosotros, y que, si lo hacen, es porque quieren, permitámonos agradecer todo lo que recibimos, y con ello abrimos una puerta para conseguir un mayor bienestar emocional.

Una de las fórmulas para incrementar la gratitud es realizar un diario de gratitud en el que cada día reflexiones sobre cosas —de tres a cinco— por las que hoy estás agradecido; desde lo más concreto, por ejemplo, «Hoy han venido a arreglar la puerta de la cocina que llevaba meses rota», a «Hace un día precioso con una luz increíble». No es necesario que sean espectaculares, basta con fijarte en las cosas que te gustan del lugar donde vives, las oportunidades que has tenido, las personas que te acompañan o los objetivos que has logrado alcanzar. No hace falta hacerlo igual todos los días, lo importante es prestar atención a lo que puedes agradecer en tu vida.

Otra técnica muy eficaz es expresar gratitud directamente a alguien. Puedes llamar a esa persona, quedar con ella y decírselo, escribirle un mensaje cariñoso o una carta en la que muestres agradecimiento de forma concreta por algo en lo que te ha ayudado —por ejemplo: «Gracias, mamá, por cocinar mi comida favorita cuando voy a casa a verte y tener preparados táperes para que me lleve a mi casa»—. De hecho, diversos estudios encontraron que el mero hecho de escribir cartas de agradecimiento ya incrementaba el bienestar emocional de los participantes y que no era necesario llegar a enviarlas, bastaba con ser conscientes y agradecer lo que los demás hacen por nosotros.

La amabilidad

La amabilidad y la compasión son virtudes que enseñamos a los niños desde que son pequeños como base del sistema moral. Pero ¿sabías que, además, nos proporcionan sentimientos agradables? ¿Y que ser amable y hacer cosas por los otros revierte en bienestar hacia uno mismo? Diversas investigaciones dirigidas por Sonja Lyubomirsky encontraron una correlación entre ser amable y hacer cosas por los demás y el bienestar emocional. Así, en uno de sus experimentos, pidieron a los participantes que hicieran cinco cosas amables durante seis semanas. Un grupo tenía que hacerlo a lo largo de toda la semana mientras que el otro debía hacer los cinco actos de amabilidad en el mismo día. Cuando les preguntaron cómo se encontraban, vieron que ambos grupos se sentían más serviciales; sin embargo, los participantes que concentraron los cinco actos de amabilidad en el mismo día refirieron que sentían la felicidad en un mayor grado, se sintieron más felices. La explicación podría venir del hecho de que, al ser pequeñas cosas, si no se concentran, tienden a pasar desapercibidas, y que para que las pequeñas acciones del día a día incrementen el bienestar emocional debemos colocarnos en una posición de consciencia y motivación, debemos estar atentos a ellas.

Cuando somos amables y generosos es más probable que percibamos a los demás de forma más positiva, se mitiga la culpa y el malestar que nos provoca el sufrimiento ajeno y nos ayuda a sentirnos agradecidos. Además, cuando ponemos el foco en ayudar a los demás es una manera de distraernos de nuestros propios problemas.

Al hacer cosas por los otros es más probable que nos percibamos a nosotros mismos como seres altruistas y generosos, lo que nos ayuda a tener un mejor autoconcepto, a fortalecer la autoestima, así como a encontrarnos más satisfechos con la vida.

La amabilidad tiene consecuencias sobre nosotros mismos y sobre la sociedad. Así, las personas que practican voluntariado, encuentran un mayor sentido a su vida. Con la amabilidad puedes generar una cadena de favores que contribuya a que el mundo sea un lugar mejor.

¿Cómo practicar la amabilidad?

Todos podemos realizar pequeños actos altruistas, no hace falta tener mucho tiempo o dinero, ni hacer oposiciones a santo, sino atender a lo que podemos hacer por nuestros familiares y amigos. Por ejemplo, acompañar a un familiar al médico, cuidar a un sobrino o quedar con un amigo que está pasando por un mal momento.

Se trata de elegir:

¿A quién quieres ayudar?

Todas las personas son dignas de nuestra compasión y ayuda. Cada uno debe decidir en qué proyectos involucrarse y con qué población. No obstante, si me permites un consejo, que por ayudar a los que están más lejos no dejes de prestar atención a las personas que te rodean.

Muchos padres me cuentan muy orgullosos que sus hijos están en voluntariados y les encanta. Sin embargo, se quejan de que cuando les piden ayuda concreta para algo siempre dicen que están muy liados. Es genial ayudar a los demás, pero no olvides aportar también tu granito de arena a los que convives.

¿Qué es lo que quieres hacer?
No todos tenemos las mismas posibilidades ni aptitudes. Se trata de buscar proyectos con los que te sientas identificado y que requieran habilidades que ya tienes y con las que disfrutas.

¿Con qué frecuencia e intensidad?
Si hacemos muy poco o de forma muy esporádica, podremos sentirnos bien en ese momento, pero será complicado conseguir que incrementemos nuestro bienestar emocional. Sin embargo, si nos pasamos de tiempo, lo mismo nos sentimos sobrecargados, enfadados y cansados.

¿En qué ámbitos?
Variedad. Cuando llevamos mucho haciendo lo mismo nos acostumbramos y nos resulta más complicado encontrar ese efecto de incremento del bienestar. Por ello puedes abrir la puerta a hacer cosas diferentes como:

- Empatizar. Trata de ponerte en el lugar de esa persona y en lo que está sintiendo; te ayudará a conocer qué es lo que puede necesitar.
- Regalar tiempo. Puedes ofrecerte a hacer algo a alguien que no tiene ese tiempo, como llevar a su hijo a una actividad, ayudarle con un trabajo...
- Sorprender a los demás. Hacer una comida especial, un regalo, organizar una excursión...
- Buscar oportunidades para hacer cosas por los otros.

Es importante realizar estos favores o actividades sin esperar nada a cambio. Si cuando haces algo por los demás empiezas a pensar que por qué no te lo agradecen, que hacen menos cosas por ti o te pones a llevar una cuenta con los favores realizados, entonces no vas a conseguir cosechar emociones agradables. El objetivo no es lograr aprobación por parte de los demás, sino hacer las cosas para ayudar desde la generosidad.

25

Si tengo problemas,
¿puedo ser feliz?

Muchas personas, cuando acuden a la consulta de psicología, nos dicen:

—¡Pero cómo voy a estar bien, con la que tengo encima!

Es cierto que la posibilidad de tener problemas en la vida es muy elevada, y después de haber vivido una pandemia, con un confinamiento de tres meses, restricciones, incertidumbre..., todavía más. A veces las situaciones vienen impuestas, no hicimos nada para elegirlas y no las podemos cambiar. Sin embargo, recuerda que lo que siempre podremos cambiar es cómo nos enfrentamos a ellas.

Cómo enfrentarse a los problemas

Todos vamos a vivir situaciones estresantes y complicadas a lo largo de la vida. No obstante, en ocasiones dichos problemas son especialmente importantes o superan los recursos que tenemos para solventarlos. En estos casos podemos centrarnos en el problema o hacerlo en la emoción.

1. Centrarse en el problema

Cuando el contratiempo se puede resolver, la opción de centrarte en él es la ideal. Poner el foco y la energía en elaborar un plan para solventarlo, concentrando los esfuerzos en hacer algo que creo que puede ser la solución, perseverando una y otra vez. Para ello:

1. Analizamos la situación y la evaluamos desde todos los prismas posibles.

2. Pensamos las soluciones que podríamos aportar, sin descartar ninguna por absurda que parezca.

3. Analizamos cada opción, sopesando las ventajas y las dificultades que podríamos encontrar.

4. Elegimos cuál es la mejor alternativa en este momento.

5. Elaboramos un plan de acción, que quizás puede contemplar varias estrategias.

6. Mantenemos la fuerza y la energía para llevar a cabo dicho plan de acción.

7. Vamos evaluando y reevaluando si estamos más cerca de la solución y establecemos los cambios que sean necesarios.

8. Dejamos a un lado las actividades distractoras que impidan concentrarnos en esta tarea.

9. Pedimos consejo a amigos, y sobre todo, a expertos.
10. Pedimos ayuda si es necesario.

Si el problema es de este tipo, estás de enhorabuena, será complicado, largo y tedioso, pero puedes hacer algo para solucionarlo. Sin embargo, en muchas ocasiones, los problemas no tienen solución. En ese caso, los afrontaremos desde las emociones.

2. Afrontar desde la emoción

Por desgracia, hay problemas que no se pueden resolver. Si se ha muerto un ser querido, no hay solución posible. Pondremos entonces el objetivo en aceptar la situación y manejar las emociones ante esta circunstancia. Sin embargo, no dejamos de luchar por nosotros mismos, poniendo el foco en llevarlo lo mejor que podemos, que afecte lo menos posible a nuestra estabilidad emocional y que nos permita seguir con nuestra vida.

Aceptar no significa resignarse. Significa que soy consciente de mis emociones y de mi dolor, soy consciente de que la situación puede ser injusta y de que no me gusta, pero dejo de luchar contra ella.

Creo que muchas de las familias de niños con discapacidad que he conocido son excelentes ejemplos de esta aceptación. Desde hace años colaboro con la Fundación Bertín Osborne, que ayuda a las familias de niños con parálisis cerebral. Mi labor con ellos es impartir talleres sobre el manejo de las emociones en la familia, comunicación positiva, autocuidado... La sen-

El método para incrementar el bienestar emocional   247

sación después de cada taller es siempre la misma: me aportan mucho más de lo que yo les doy. Muchas familias son ejemplo no solo de esta aceptación de la que hablaba, sino de superación. Hacen lo máximo para que sus hijos estén lo mejor posible, indagando sobre las posibles terapias, haciendo encaje de bolillos para llegar a todo... y muchos de ellos, no dudan en ayudar a otros padres en circunstancias similares y convertirse en una fuente de apoyo.

Para afrontar el problema centrándonos en las emociones puedes utilizar dos tipos de estrategias:

1. Conductuales

Es decir, qué cosas puedes hacer para sentirte mejor, por ejemplo, practicar deporte, ir a dar un paseo o planificar actividades que ayuden a distraerte y a incrementar las emociones agradables. Buscar apoyo emocional, personas con las que sepas que puedes ventilar las emociones y expresar cómo te sientes sabiendo que no te van a juzgar, tan solo se van a limitar a comprender, lo cual te ayudará a sentirte escuchado y acompañado.

Hablar con alguien sobre lo que sientes hace que tu carga se vuelva un poco más ligera y te da más fuerzas para continuar.

2. Cognitivas

Es decir, reinterpretas la situación, aprendes a aceptarla, a no intentar cambiarla y piensas si puedes sacar una enseñanza de ella. A veces se trata de cambiar la perspectiva de la vida para que tenga un mayor valor o que te ayude a crecer como persona. A menudo las situaciones traumáticas sirven para reordenar las prioridades y centrarnos en lo que de verdad es esencial en la vida y dedicar más tiempo a las relaciones importantes.

Cuando conocí a Maribel estaba destrozada. Había perdido a su hijo de quince años en un accidente de tráfico. Le habían atropellado en una zona poco transitada. Maribel estaba casada y tenía dos hijos más. La relación con su marido no era buena, y la muerte de su hijo les había separado aún más. Cada uno llevaba el dolor a su manera y no hablaban del tema.

—Yo quiero superar la muerte de mi hijo —fue lo primero que me dijo con lágrimas en los ojos.

Y me acuerdo de que mi contestación fue:

—La muerte de un hijo nunca de supera, se acepta y se integra en la vida, el dolor pasará de insoportable y paralizante a un sentimiento de nostalgia. Te seguirás acordando de él y de vez en cuando estarás triste. Sin embargo, vamos a poner el foco en aprender a estar bien sin él. El objetivo es que puedas continuar con tu vida y atender al resto de cosas que sí que están, como son tus otros dos hijos.

Han pasado muchos años y cuando hablo con Maribel siempre me dice que estaba en lo cierto, que aprendió a aceptarlo, que consiguió seguir con su vida con nuevos proyectos e ilusiones, pero que el recuerdo siempre está ahí, y aunque cada vez lloraba menos, había aprendido que llorar es bueno, porque las lágrimas la ayudan a canalizar la tristeza de la pérdida. Pero que eso no implicaba no atender a sus otros dos hijos, seguir trabajando y luchando por sus proyectos y aprender a ser feliz pese a las circunstancias.

Una de las cosas que más llamaba la atención de Maribel era su sonrisa. Se notaba que era franca y sincera, y lo más probable es que la ayudase no solo en su trabajo, sino a fortalecer su red de apoyo. Maribel tenía muchas y buenas amigas y parte de la terapia se centró en sentirse apoyada y querida.

Para superar una situación traumática es importante tener un alto grado de conciencia de lo que hacemos y por qué lo hacemos, ya que nos permitirá disfrutar más y de esa forma que no pase desapercibido. Por eso, con Maribel establecimos momentos para disfrutar y potenciar las emociones positivas, como jugar con sus hijos, salir un día con sus amigas o hablar con su hermana. En segundo lugar, afecto positivo. En su caso trabajamos el profundo amor que sentía por sus hijos. Y por último, sabemos que tener un compromiso con algo que nos trasciende nos ayuda a relativizar y a sentir que somos una parte más del universo, no el centro. En el caso de Maribel su compromiso era estar bien para sus hijos, que la necesitaban.

Las emociones positivas contrarrestan la angustia de las experiencias traumáticas. Así, las encuestas que se hicieron a estudiantes después de los ataques del 11M evidenciaron que aquellos que experimentaban más emociones positivas, como la gratitud, la compasión, el amor... eran menos propensos a desarrollar un trastorno de estrés postraumático. Es decir, ante una crisis, las personas que experimentan más emociones positivas son más resilientes.

26

Crecer ante un trauma: fomentar la resiliencia

Seguro que conoces a personas que han vivido una situación adversa, o incluso traumática, y que en lugar de hundirse han salido más fortalecidas de ella. Han conseguido realizar un crecimiento postraumático. Eso es lo que se llama resiliencia.

La resiliencia es un término que viene de la física de los materiales: es la capacidad de un material, mecanismo, o sistema, para recuperar su estado inicial cuando ha cesado la perturbación a la que había estado sometido. Cuando nos referimos a los humanos, la resiliencia es la capacidad de un ser vivo frente a un agente perturbador o un estado de situación adversos.

Sabemos que hay personas que ante los golpes de la vida adoptan una actitud de víctimas, buscan culpables y no hacen nada por salir de la situación. Sin embargo, otras optan por una postura más resiliente, es decir, buscan la forma de crecer ante la adversidad e incluso sacan lo mejor de sí mismas. Lo interesante es que se han estudiado los mecanismos de resiliencia y podemos aprender a crecer y a superar la adversidad.

La ventaja de esta visión es que no hablamos de resiliencia como una capacidad estática, sino como procesos resilientes que abarcan múltiples factores, lo que implica que se pueden entrenar.

Ser resiliente no conlleva no sufrir. La tristeza, el enfado... son emociones que surgen de manera natural en los momentos traumáticos. Ser resiliente supone aprender a reconocer esa emoción, a comprenderla y a manejarla.

Cuando nos vemos sometidos a un gran desafío o a un trauma profundo, puede que nuestros cimientos se desestabilicen y que sintamos que toda nuestra vida se tambalea. Por ello nos vemos obligados a replantearnos las prioridades, la identidad, el sentido de la vida. Esto puede dar lugar a que, tras un desafío, haya tres caminos posibles:

La supervivencia

Puede ocurrir que la persona no acepta la situación y se limita a sobrevivir. Le cuesta experimentar emociones agradables, pierde la alegría de vivir y nunca recupera la normalidad, es decir, el nivel de bienestar y funcionamiento que tenía antes del evento traumático.

La recuperación

Ocurre cuando la persona sufre después del trauma, lo pasa mal, pero solo durante un periodo de tiempo. Al final vuelve a su estado original.

El desarrollo

Implica que la persona sufre después del trauma, pero que con el tiempo no solo vuelve a su estado original, sino que se sitúa por encima, es decir, ha conseguido aumentar su bienestar y lograr una trasformación.

Es importante destacar que después de la situación traumática todos sufrimos ese declive, una profunda sensación de malestar. El tiempo que necesitamos para recuperarnos o para crecer y transformarnos lo marca cada persona en función de su edad, su personalidad, el tipo de trance que vivió y cómo se enfrentó a este.

Desarrollar la resiliencia

Ante una situación o un evento potencialmente traumático puedes:

– Analizar cuáles son tus fortalezas. Ante los problemas, reflexiona: ¿qué has hecho en el pasado para superar otros momentos difíciles?, ¿de qué recursos dispones para superar los problemas?

– Hacer un análisis realista de la situación que te ayude a verla con perspectiva y te permita fijar objetivos.

– Entender que las situaciones son cambiantes y que, por tanto, los planes pueden verse alterados. Sé flexible.

– Una vez que hayas superado la situación analiza si has obtenido algún aprendizaje que te sirva en el futuro, o si es posible sacar alguna lectura positiva. Se trata de permitirte sentir y extraer algún aprendizaje que fortalezca la autoestima.

– Entender que no puedes controlarlo todo, que vas a experimentar emociones desagradables y mucha incertidumbre. En lugar de intentar cambiar la situación para que dichos sentimientos desaparezcan, céntrate en aceptarlos y manejarlos.

Apoyarme en los amigos

Fomentar el apoyo social. Cuando sientes que eres parte de un grupo, que no estás solo, es más fácil ser fuerte y reunir fuerzas para seguir adelante. Por tanto, es bueno pedir ayuda cuando la necesites.

Recurrir al apoyo social, buscar consuelo en los demás, es una de las estrategias más eficaces que existen para afrontar el trauma. Es una habilidad que compartimos con los simios.

Los familiares y los amigos proporcionan una sensación de pertenencia, un espacio donde ventilar las emociones; al contar las preocupaciones, sientes que les importas, te ayudan a ver las cosas desde otro punto de vista y, además, fortalece la relación.

Escribir sobre lo que ha ocurrido

La escritura creativa te proporciona algo que, *a priori,* puede resultar muy complicado, pero que ayuda a afrontar mejor el trauma: encontrarle sentido. Un ejercicio que te puede favorecer es escribir en detalle sobre la experiencia; explora tus sentimientos, ¿cómo te sientes?, y descríbelos con el máximo detalle posible; lo más aconsejable es que lo hagas de forma continuada, repitiendo el ejercicio durante varios días. Este tipo de escritura te ayuda a comprender, aceptar y encontrar una explicación al problema, lo que te permite reducir la frecuencia y la intensidad de los sentimientos negativos asociados al mismo. Los pensamientos son fugaces, desordenados y muchas veces inconscientes. Sin embargo, cuando escribes, organizas el discurso, lo que te permite integrar estos pensamientos e imágenes dentro de tu narración. Al escribir vas asociando lo que te ha ocurrido, lo que puede ayudarte a aceptarlo, a la par de sentirlo más controlable, pues te esforzarás en darle una explicación.

27

¿Y cuando me han hecho daño? Aprender a perdonar

Cuando sentimos que las personas son injustas con nosotros, que nos atacan o nos hacen daño, es normal tener emociones desagradables, y nuestra primera reacción puede ser responder de la misma forma en un contraataque. En esos momentos nos dejamos llevar por el deseo de venganza. La venganza va asociada a sentimientos muy intensos y duraderos, como el odio, y es la responsable de grandes males en el mundo, guerras incluidas, además de la incapacidad de disfrutar de emociones agradables en la persona que lo siente.

Qué es y qué no es perdonar

Cuando hablamos del perdón, no nos referimos al perdón en el sentido religioso, o el perdón de los niños que, en realidad, quieren pedir que les levantemos un supuesto castigo.

- Perdonar no significa necesariamente reconciliarse con la persona que nos ha hecho daño. Podemos perdonarla, pero decidir no mantener una relación con ella, o al menos no como la que teníamos antes.
- Tampoco significa que eliminemos las consecuencias de su conducta. Por ejemplo, cuando un niño nos insulta —algo muy habitual cuando son pequeños—, podemos decirle que por supuesto que le perdonamos, que por supuesto que nunca vamos a dejar de quererle, pero que tiene que entender que como nos ha hecho daño, necesitamos un tiempo —bastará con unos minutos— para que se nos pase ese dolor.
- Perdonar no es excusar a la persona. Podemos entender sus motivos, pero eso no nos servirá para excusar su acción o victimizarlo —por ejemplo, interpretar que no es su culpa, es del sistema o de su familia...—.
- Perdonar no implica negar el daño. Podemos perdonar y aún así reconocer el dolor que nos ha causado y no olvidarlo.

Perdonar significa que, incluso siendo conscientes de lo que ha ocurrido, del daño que nos ha hecho, no deseamos el mal a nuestro agresor, no queremos vengarnos y tampoco nos obsesionamos en mantener la distancia o hacer como si no existiera. Nos comportamos con cierta normalidad. Eso no quiere decir que volvamos a ser amigos, pero sí, por ejemplo, que no dejemos de ir a un evento porque vaya a estar esta persona.

Perdonar lo hacemos por nosotros mismos, no por quien nos ha hecho daño. Puesto que decidimos no soportar la carga del odio, la venganza o las emociones negativas asociadas, decidimos no condicionar nuestra vida en función de esa persona. Perdonar implica elegir la libertad.

Cuando somos capaces de perdonar, minimizamos los pensamientos negativos hacia esa persona y hacia la situación, se atenúan los sentimientos negativos —como la tristeza y el enfado— y promovemos los positivos.

Cómo conseguir perdonar

Para muchos perdonar no es fácil, sus sentimientos han sido heridos y sienten que quien lo hizo debe pagar por ello. Pero cargar con el rencor es como si llevásemos una mochila a la espalda con todas las piedras que nos han lanzado a lo largo de la vida. Es un peso muy complicado de llevar que, además, nos deja exhaustos y sin fuerzas para enfrentarnos a las situaciones del día a día.

Si te cuesta perdonar —que es lo más habitual—, puedes:

Recordar las situaciones en las que has sido perdonado

Rememora alguna vez en la que fuiste tú el que hiciste daño; puede que fuese a tu familia, a tu pareja o a tus amigos. Metiste la pata y te perdonaron. ¿Cómo te lo dijeron? ¿Por qué crees que lo hicieron? ¿Ha hecho que cambie vuestra relación? ¿Ha mejorado? Y, sobre todo, ¿cómo te sentiste? Reflexionar sobre esto te puede ayudar a valorar la opción del perdón.

Empatizar

Intenta ponerte en el lugar de la persona que te ha ofendido. ¿Por qué lo hizo? ¿Cuáles eran sus motivos? ¿Cómo se sentía? Cuando eres capaz de ponerte en su lugar, te es más fácil perdonar. Empatizar no significa que estés de acuerdo con su actuación, sino que entiendes sus motivos, aunque no los justifiques.

Escribir una carta

Una carta en la que perdones a esta persona que te permita liberarte de las emociones negativas. En la que describas cómo te hizo sentir su actuación, lo que hubieses esperado y en la que finalices diciendo que perdonas lo que ocurrió. No hace falta que se la envíes; puede quedarse solo para ti.

Dejar de rumiar

Darle un millón de vueltas a lo que ha ocurrido, lo mal que te has sentido, repasar mentalmente las humillaciones. Solo vas a conseguir sentirte más hundido y las posibilidades de perdonar y liberarte de esa carga se desvanecerán.

Imaginar cómo sería tu vida si consiguieras perdonar a esa persona y liberarte de esa carga

¿Cómo te sentirías? ¿Merecería la pena?

Alejandra me pidió ayuda porque tenía mucha ansiedad. La terapia funcionó muy bien y en pocas sesiones se encontraba mucho mejor, ya que disponía de herramientas eficaces para manejarlo. Un día llegó destrozada a la sesión porque había descubierto que su padre era infiel. Le había pillado escribiendo mensajes a otra mujer. Estaba completamente bloqueada y no sabía qué hacer. Sentía que nunca podría perdonarle y que debía decírselo a su madre. Pero tenía tanta confusión que no sabía cómo gestionarlo y por dónde empezar. Estuvimos trabajando y decidiendo que sería mejor no tomar las decisiones en caliente. Estaba sufriendo un secuestro emocional. No era capaz de pensar con claridad porque la emoción de enfado y decepción lo bloqueaba todo.

Le pedí a Alejandra que, antes de hablar con su padre, se parase a pensar durante un tiempo qué es lo que ella quería y cuál era su objetivo. Estuvo unos días reflexionando y pensó que deseaba mantener una buena relación con sus padres, pero que tampoco quería que su padre siguiese con su madre por su hermana y por ella, cuando ambas tenían casi ya treinta años. Así que lo siguiente que decidió fue hablarlo con su hermana antes que con su padre, quien también lo sabía, y preguntarle su opinión. Las dos estaban de acuerdo en que era un tema de pareja y que no les correspondía a ellas decírselo a su madre.

Al final Alejandra habló con su padre y este le explicó la situación. En la conversación le aseguró que él quería a su madre, que estaba arrepentido y que no volvería a pasar; por lo visto había sido algo puntual.

Alejandra necesitó tiempo para perdonarle. No le parecía bien lo que había hecho, pero entendió que desde el rencor su familia se rompería y ella no quería eso. Lo que no se esperaba es que desde esa conversación la situación con su padre había mejorado. Por primera vez habían hablado de lo que sentían y habían expresado sus sentimientos. Las emociones estaban encima de la mesa, lo que sirvió como punto de inflexión en la relación para que fuese más cercana que nunca.

¿Y si quien tiene que pedir perdón soy yo?

Seguro que recuerdas la famosa frase de la Biblia, «Quien esté libre de pecado, que tire la primera piedra». Nadie es perfecto, y lo más probable es que tú también hayas hecho daño en alguna ocasión a los demás. Es el momento de pedir perdón. Cuando eres capaz de reconocer que estás equivocado y pides perdón, disminuyen las tensiones y se mejora la compresión y la conciliación.

Quizás puedes llamar a ese amigo o amiga, o escribirle una carta de disculpa donde describas lo que pasó, el daño que hiciste y reconozcas que estuvo mal, y que por eso pides perdón. Incluso puedes incluir lo importante que es esa relación para ti.

Cuando ha pasado mucho tiempo, si ya no estás en contacto con esa persona, escribir una carta de este tipo puede ser liberador. No obstante, hay que valorar muy bien si conviene enviarla o si podría abrir viejas rencillas.

Cuándo no perdonar

Muchas veces nos surge la duda: ¿tenemos que perdonar siempre? La respuesta es no. Existen salvedades, por ejemplo, si se trata de una persona que nos maltrata, que disfruta haciéndonos sufrir y cuya conducta no cambia. Por mucho que prometa no volver a hacerlo, es el momento de decir basta. Antes de perdonar piensa:

- ¿Es habitual o se trata de un hecho puntual?
- ¿Es probable que lo vuelva a hacer o, si se lo explico, intentará no repetirlo?
- ¿Es sincero su perdón y sé que le duele mi malestar?

¡Cuidado! Cuando hablamos de una agresión continua, en la que el agresor no cambia su conducta hacia ti, es el momento de romper esa relación.

El perdón que más cuesta: hacia uno mismo

Perdonar a los demás no es fácil, pero cuando los errores los cometemos nosotros nos cuesta asumirlos, y saber perdonarnos por las cosas que podríamos haber hecho mejor es aún más complicado. Tendemos a ser muy injustos con nosotros mismos, a mirar con lupa nuestros fallos y a fustigarnos por nuestros errores. No se trata de no aprender de ellos, pero sí de aprender a perdonarnos.

Nos cuesta mucho perdonarnos por las decisiones que tomamos en el pasado, y en ocasiones vivimos sumidos en la culpa por una mala decisión que nos mina la autoestima y el bienestar, de tal forma que nos impide sacar la energía necesaria para cambiar lo que sí que podemos modificar: el presente y cómo actuamos cada día.

Si no había intencionalidad de hacer daño ni maldad

en el acto, y has hecho todo lo posible por remediarlo, debes soltar la culpa y aprender a perdonarte. Esto es lo que le ocurría a Jaime. Cuando vino a verme, se sentía tremendamente inseguro y su autoestima estaba en su peor momento. Todo empezó cuando en su empresa le ofrecieron un ascenso. Tras la marcha de su jefe, el director del departamento le pidió que aceptara su cargo en funciones. Eso quería decir que Jaime asumiría esa carga de trabajo y la coordinación del equipo, sin un aumento de sueldo y sin un nombramiento oficial. De momento seguiría con el mismo cargo que sus compañeros. Hasta entonces, Jaime estaba contento en su trabajo, se sentía satisfecho con sus funciones y cumplía con sus objetivos; no obstante, le pareció que era una buena oportunidad para poder ascender y lo aceptó.

La realidad es que al poco tiempo se vio desbordado. Se encontró con que a las tareas en las que ya trabajaba, se le sumaron las de coordinación y supervisión del equipo. Así que surgieron dos grandes problemas; por un lado, asumió una mayor carga de trabajo. No podía delegar porque la empresa no puso a más gente para ayudarle, así que era materialmente imposible sacarlo todo, pese a la cantidad de horas extras no remuneradas que hacía. Por otro, como el nombramiento no había sido oficial, sus compañeros no entendieron que Jaime haría las funciones de su antiguo jefe, así que no acataban sus órdenes y desoían sus consejos.

Todo esto terminó provocándole una crisis de ansiedad. No lograba descansar, se sentía culpable por no llegar a todo y no se perdonaba haber sido tan ingenuo y no haber dicho a sus jefes que sin un nombramiento y una subida salarial no aceptaría las nuevas funciones. A Jaime no le habían ofrecido un ascenso, le habían dado un caramelo envenenado disfrazado de una posible promoción. Trabajamos mucho las técnicas para manejar la ansiedad. Lo prioritario era que lograra descansar. También era necesario que recuperara su seguridad y su autoestima para, a partir de ahí, comenzar a ser más asertivo y aprender a decir que no a sus jefes, que eligiesen lo que era prioritario y que él no podía responsabilizarse de las funciones de coordinador si el cargo solo era en funciones. Lo que más costó fue que se perdonara su error, que entendiese que era normal creer en la buena fe de los demás y que lo importante era que fuera capaz de enmendarlo.

A Jaime le ayudó ponerse en el lugar de un amigo y tratar de consolarle y explicarle que su error no era tan grave. Incluso se escribió una carta de perdón a sí mismo, que supuso un punto de inflexión para su mejoría.

28

Practicar el autocuidado

Reflexionemos un segundo: ¿cuánto tiempo de nuestra vida invertimos en cuidar? Cuidamos a nuestros hijos, a nuestros padres, a nuestra a pareja, a nuestros amigos, a nuestras mascotas… Cuidar a alguien es más que ayudarle a cubrir sus necesidades básicas, también está implicada la parte emocional. A todos nos gusta sentir que somos importantes para los demás, que nos tienen en cuenta y que velan por nuestro bienestar. Sin embargo, ¿cuánto tiempo empleamos en cuidar de nosotros mismos? Y cuando hablo de cuidarnos no solo me refiero a las acciones para mantenernos con vida, como comer, dormir…, también para mantener la salud y el bienestar emocional.

Cuidar a los demás no conlleva que tú te abandones, sino centrarte en el presente, saborear el tiempo que dedicas tanto a los otros como a ti. Se trata de emprender acciones que te ayuden a sentirte mejor. Muchas veces los acontecimientos difíciles y negativos vienen solos, pero las cosas buenas hay que provocarlas para que sucedan.

Cuidar tanto de tus allegados como de ti es una decisión personal. El autocuidado debe asumirse como una práctica diaria de vida y salud, y es conveniente reservar tiempo para practicarlo.

¿Qué hago para cuidarme?

El objetivo de este ejercicio es que reflexiones sobre cómo te cuidas. Para ello, contesta las siguientes preguntas:

1. En lo físico. ¿Cómo te cuidas físicamente? Por ejemplo, ejercicios, masaje, baño caliente...

2. En lo mental. ¿Cómo cuidas tu mente, sobre todo cuando estás estresado? Por ejemplo, meditación, ver una película, leer un libro...

3. En lo emocional. Por ejemplo, acariciar a tu mascota, viajar, cocinar...

4. En lo relacional. Cuando te relacionas con otras personas que te aportan un verdadero bienestar emocional. Por ejemplo, quedar con amigos, hacer deporte...

5. En lo espiritual. Por ejemplo, rezar, pasear en la naturaleza...

Todos hacemos cosas que nos ayudan a cuidarnos y a encontrar nuestro bienestar. Sin embargo, no siempre lo hacemos tanto como nos gustaría, o anteponemos las necesidades de los demás a las nuestras.

¿Por qué me cuesta tanto cuidarme?

Lo más habitual es que haya una falta de tiempo. Tenemos vidas complicadas y encontrar unos minutos para nosotros mismos es difícil. En ocasiones se suma que no lo consideramos prioritario y muchas veces tiene que ver con los pensamientos que están detrás, que actúan como una barrera. Por ejemplo:

Soy egoísta si me dedico tiempo a mí
Crees que si tú te cuidas, le quitas tiempo a tu familia, pareja, amigos... Y la realidad es que no es egoísta cuidar de uno mismo. De hecho, cuidarse significa también cuidar mejor. Es muy agotador atender a los que te rodean cuando tú no estás bien, por eso es tan importante reservar una parcela personal para cuidarte.

Yo puedo con esto
En ocasiones pensamos que no hace falta que nos ayuden, que nosotros podemos hacerlo y nadie mejor que yo para cuidar de las personas que nos importan. Sin embargo, no siempre tenemos que hacerlo todo nosotros, y podemos pedir ayuda.

Soy el único responsable de la salud y del cuidado de mi familia
Cuando tenemos hijos surge esta idea: tengo la responsabilidad de encargarme yo. Y es cierto, los padres son los principales responsables de la educación de sus hijos, pero no significa que sean los únicos y que no se pueda pedir ayuda.
Un caso especialmente complejo es cuando un miembro de la familia sufre una enfermedad crónica o tiene una

discapacidad. En este caso la figura del cuidador principal —que en la mayoría de los casos son las mujeres— soporta toda la carga del cuidado. Y sabemos que una carga excesiva de responsabilidades no es saludable ni asumible a largo plazo. Distribuir las responsabilidades del cuidado es necesario y positivo. Pedir ayuda y establecer tiempos de descanso es fundamental. Si nosotros no estamos bien, es muy complicado que podamos cuidar a nuestros familiares. Se trata también de concienciar a las personas que nos rodean de que el cuidado debe ser repartido y que no es sano que recaiga en una sola persona.

¿Qué lleva mi mochila?

Como ya he dicho, todos cargamos con una mochila a las espaldas en la que hemos ido metiendo cosas a lo largo de la vida. En ocasiones lo hemos hecho de forma consciente, y en otras, no. A veces han sido nuestros padres, profesores, familiares o amigos los que la han ido cargando. Muchas cosas son necesarias, pero no todas. Además de llevar nuestra propia carga, estamos arrastrando el peso de los demás. Esta carga tan pesada puede ser responsabilidades, fracasos, culpabilidades...

Puede que haya llegado la hora de hacer esta reflexión:

¿Qué llevo en mi mochila?

Ábrela y vacíala para ver todo lo que hay. Quizás te sorprendas, porque van a aparecer cargas que llevan tantos años contigo que ya ni te das cuenta. Se trata de conocer qué es lo que estás cargando sin juzgar, no es el momento de valorar si quieres dejarlo dentro de la mochila o no.

Ahora basta con vaciarla y ver lo que hay para obtener una perspectiva real de lo que llevas.

¿Qué quiero sacar?

Una vez que ya has visto lo que cargas y eres consciente de su peso, elije qué quieres sacar. Líbrate de cargas y de obligaciones que tal vez has arrastrado desde hace años, pero que no te corresponden.

¿Qué elijo meter?

Sería maravilloso poder ir libre de cargas y no llevar mochila ni ataduras, pero si somos realistas, esto no siempre será posible. Se trata, por tanto, de elegir bien cuáles son tus responsabilidades —por ejemplo, mi trabajo, el cuidado de mis hijos…— siendo consciente de que es tu elección o tu responsabilidad.

Planificar actividades gratificantes

Está comprobado que realizar actividades agradables es una forma de mejorar el estado de ánimo. De hecho, las terapias de activación conductual —movernos, realizar actividades, planificar tareas que nos gustan…—, son muy efectivas para el tratamiento de los trastornos del estado del ánimo. Si realizar actividades agradables consigue mejorar el estado del ánimo en las personas que tienen depresión, ¡cómo no va a funcionar con todo el mundo!

No se trata solo de grandes eventos, como irse de vacaciones, sino de planificar pequeñas actividades cada día de las que empecemos a ser conscientes y nos paremos a disfrutar, por ejemplo, disfrutar de un café, ver una serie que nos gusta, hablar con un amigo o amiga… Se trata de aprender a poner el foco de atención en lo que estamos haciendo y saborear ese momento.

Una buena fórmula para ponerlo en práctica es elaborar un listado de actividades que te gustan y a diario elegir dos para realizar. Desde el realismo, quizás no todos los días puedes darte un baño de espuma relajante, porque no hay tiempo, y hay que ser cuidadoso con el agua que se gasta, pero sí disfrutar de la ducha, ser consciente de la temperatura del agua, del olor del jabón, de cómo resbala el agua por tu espalda…

Se trata de aprender a vivir el presente, a
disfrutar de lo que haces en cada instante,
aprendiendo a focalizar la atención
en el momento en que vives.

29

Vivir el presente: *mindfulness*

Desde hace décadas se están estudiando los beneficios que la práctica de la meditación tiene en la salud, incluido el bienestar emocional. Así sabemos que, entre otras cosas, nos ayuda a recuperarnos del estrés, a descansar más, a mejorar el estado de ánimo y a crear un mayor estado de conciencia y atención.

La meditación abarca una gran cantidad de técnicas, como la meditación zen, trascendental, vipassana..., diferentes protocolos, como el MBSR —*Mindfulness-Based Stress Reduction* (reducción del estrés basada en la atención plena)—, o el MBCT —*Mindfulness-Based Cognitive Therapy* (terapia cognitiva basada en el *mindfulness*)—. Lo que todos tienen en común es que se cimientan en la capacidad de focalizar la atención en el presente. Aprender a vivir en el aquí y en el ahora.

Con independencia de que practiquemos algún tipo de

meditación o no, todos podemos aprender a vivir la vida desde el presente. Es decir, a quedarnos solo con lo que ocurre sin juzgar si lo que estamos sintiendo es correcto o no, con paciencia y permitiendo que las cosas sucedan a su debido tiempo, confiando en nosotros mismos, en nuestras capacidades, dejando de rumiar y de darle vueltas a lo que nos ocurre de forma obsesiva.

Aprender a controlar la mente

Uno de los objetivos que plantea el *mindfulness* es prestar atención a las cosas más insignificantes, como si las viésemos por primera vez. Dejarnos sorprender por la belleza y el aroma de una flor, disfrutar de estar en contacto con la naturaleza, sumergirnos en una conversación agradable sin pensar en otra cosa...

No es fácil aprender a controlar la mente y evitar que divague, que esté centrada en lo que estamos haciendo en ese momento. Requiere mucha mucha práctica. Podemos empezar centrando la atención en la respiración, se trata de llevar la atención donde sintamos la respiración con mayor claridad. Puede ser en las fosas nasales, en el pecho, en el vientre o puede que la percibamos mejor a través del suave movimiento de todo el cuerpo. Basta con sentir la sensación de respirar. Cómo el aire entra y sale de nuestro cuerpo. Si la mente se entretiene con las tareas pendientes o recordando qué ha ocurrido ayer, no se trata de castigarnos y pensar que no somos capaces de meditar, se trata de aprender a despegarnos de nuestros pensamientos, simplemente dejarlos marchar, centrando la atención en la respiración. Es normal que te cueste dejar la mente en blanco, requiere, como te digo, de mucha práctica.

Solamente parar e intentar desconectar, prestando atención a la respiración, ya tiene un efecto tranquilizador y te ayuda a disminuir las tensiones.

Uno de los efectos que tratamos de conseguir con la meditación es aprender a dejar de criticarnos por cómo somos, por lo que sentimos y por lo que pensamos. Cuanta más meditación practiquemos más preparados estaremos para ser conscientes de cuándo perdemos capacidad de concentración y cuándo empezamos a juzgar nuestros sentimientos.

Sentir sin juzgar

Es habitual encontrarnos con que lo que genera el malestar no es tanto la emoción que estamos sintiendo, sino lo que interpretamos sobre esa emoción. ¡Cuántas veces nos enfadamos con nosotros mismos porque consideramos que no nos deberíamos sentir así! Esto es precisamente lo que le ocurría a Cristina.

Cristina llevaba unos meses saliendo con Ignacio. Pese al poco tiempo que se conocían, sentía que la relación iba muy bien, incluso más deprisa de lo que en un principio le hubiese gustado. Ignacio le había dicho que ella era la mujer de su vida, y, aunque al inicio había sentido un poco de vértigo, se dejó llevar y aprendió a disfrutar de la relación. Todo cambió de la noche a la mañana. Ignacio empezó a estar esquivo, a poner excusas para evitar quedar o hacer planes. Cristina le preguntó qué le ocurría, y él le dijo que nada, que tenía mucho follón en el trabajo, que la quería. A la semana siguiente decidió romper con ella. Cristina se quedó sorprendida, dado que unos días antes le estaba diciendo que era la mujer de su vida. No entendía nada y él no le dio ningún tipo de explicación.

La noticia tuvo un gran impacto emocional en Cristina, quien sintió una gran tristeza y enfado por la incongruencia de los actos de su pareja. Necesitaba entender qué era lo que había ocurrido para que pasase de pensar que era la mujer de su vida a no querer estar con ella. Sentía rabia y se machacaba por sentirla, por haberse quedado tan tocada por un tío que le había demostrado que no merecería la pena.

En las sesiones trabajábamos una idea: que es normal sentir tristeza y más cuando hay una ruptura amorosa que se produce de forma unilateral. Las rupturas implican un proceso de duelo, y Cristina no se permitía experimentar dicha tristeza, porque creía que ella no debía estar así. El grueso del trabajo fue aceptar sus emociones sin cuestionarlas, dejando de juzgar si era «tonta» por estar triste por un hombre que no merecía la pena. Cuando Cristina se permitió estar triste y canalizar su dolor a través de las lágrimas, inició un proceso de duelo del que se recuperó con mayor rapidez de lo que ella pensaba. Dejó de intentar comprender lo que había sucedido y de buscarle explicaciones. Lo aceptó, incluyendo el malestar que le causaba. Aprendió que nadie puede cuestionar cómo nos sentimos y menos ella misma. Fue capaz de sentir sin juzgar.

30

Controlar la atención

¿**E**res consciente de la cantidad de información que recibes en un día? Piensa por un segundo, ¿cuántos estímulos te rodean? Millones, ¿verdad? No puedes procesar toda esa información, si lo hicieses, en tu vida no harías otra cosa. De hecho, las personas que sufren una lesión en la corteza parietal superior del cerebro —que es la que controla el mapa sensorial que regula la atención a través de la atención selectiva y la focalización de los estímulos—, se vuelven completamente inoperativas. No pueden hacer nada, porque no son capaces de seleccionar la información relevante de la que no lo es.

Creemos que somos conscientes de todo cuanto nos rodea, y, sin embargo, por lo general, desechamos el noventa y cinco por ciento de lo que nos ocurre. La mayor parte de la información no la vemos, sino que procesamos patrones relacionados con objetos, personas, escenas y acontecimientos, para después construir nuestra representación del mundo en la mente. De entre toda la cantidad de información que nos rodea ¿cuál es la que procesamos? La que hemos aprendido que es importante para la supervivencia, o aquella que es novedosa. En este caso es cuando se activan lo que Pávlov denominó reflejos de orientación, que hacen que reaccionemos de forma automática. Por ejemplo, venimos preparados para detectar dónde hay comida, la novedad, un ruido repentino, algo brillante... Estos estímulos llaman nuestra atención y desconectamos de lo que estamos haciendo para prestarles atención.

Como ya he comentado, el estado de ánimo también funciona como un buscador de la información, y procesamos el mundo de manera diferente en función de la emoción que estamos sintiendo. Seleccionamos la información que es coherente con nuestro estado de ánimo. Si estamos bajo los efectos de la tristeza, es más probable que nos fijemos en las cosas tristes de nuestro alrededor. Sin embargo, cuando estamos alegres, nuestra tendencia cambia y el foco de atención se dirige a los estímulos positivos.

Tú puedes controlar tu atención
y entrenar al cerebro para que se fije
en lo que hayas decidido.

La tendencia suele ser fijarnos más en todo aquello que nos ocurre y que nos hace sentir mal. De hecho, ¿cuántas vueltas somos capaces de darle a una situación que nos ha ocurrido en la que hemos sentido tristeza, enfado, ira o cualquier otra emoción desagradable? Y, sin embargo, cuando nos ocurre algo bueno, ¿qué importancia le damos? Es hora de darle la vuelta y aprender a poner el foco en lo positivo.

Crear memorias emocionales

Todos tenemos la capacidad de revivir situaciones agradables que actúen como un bálsamo de bienestar. Basta con cerrar los ojos y trasladarnos a ese momento, ese lugar, e intentar recordarlo con todo lujo de detalles. Se trata de crear una «postal mental» a la que podamos recurrir cuando deseemos cambiar nuestro estado anímico y que funcione como un impulso de energía positiva. Se trata de evocar el escenario donde estábamos, lo que estábamos haciendo y con quién, lo que sentíamos, y el significado que dábamos a estas emociones. De esta forma activaremos las tres redes de proposiciones que harán que el recuerdo sea lo más emocional posible.

Cada persona puede elegir uno o varios recuerdos a modo de postal mental. Por ejemplo, el recuerdo de Arturo era del día de su cumpleaños cuando su pareja le despertó inundando la habitación de globos —es importante encuadrar bien el escenario, los estímulos que había y las circunstancias, quiénes estaban y por qué era un momento especial, sin olvidar lo que sentimos y el significado que le damos—. Así Arturo sintió una gran alegría, pensó que era el mejor cumpleaños de su vida y que su pareja le quería muchísimo.

Apuntar lo bueno que ha ocurrido en el día

Una de las actividades que más me gusta para aprender a fijarnos y poner el foco de atención en lo positivo es esta actividad clásica de Martin Seligman: apuntar tres cosas buenas que nos hayan ocurrido ese día. Si nos cuesta encontrarlas siempre podremos crearlas. Es decir, voy a llamar a una amiga, a ver una serie que me gusta o a leer un capítulo de una buena novela. Suele costarnos mucho más fijarnos en lo bueno que en lo malo. Por eso, con este ejercicio, lo que queremos es enseñarle a nuestra mente a focalizar la atención en todos los momentos agradables que hayamos sentido a lo largo del día. Es cierto que al principio puede costar, pero con entrenamiento, cada vez será más fácil aprender a focalizar la atención en lo positivo.

Todos podemos construir nuestro bienestar emocional.

Recuerdo que cuando Iván vino a la consulta experimentaba un profundo sentimiento de tristeza y de nostalgia. Sentía que la pandemia por la COVID-19 le había robado una parte fundamental de su vida. No había podido disfrutar del último año de instituto junto a sus compañeros. No había podido hacer el tradicional viaje de fin de curso. La graduación fue *online*... Todo aquello que había estado años esperando se había esfumado y sentía que no lo superaba, que se había quedado muy afectado y eso le estaba impidiendo estar bien y disfrutar de su nueva etapa en la universidad.

Trabajamos sobre cómo reconocer sus emociones, aceptar la realidad y la situación que a todos nos había tocado vivir y pusimos las energías en aprender a disfrutar de su nueva etapa aceptando que no podemos dar marcha atrás en el tiempo. Iván trabajó mucho y muy bien, y en unos meses consiguió sentirse mejor, más seguro, con una mayor autoestima y aprendió a disfrutar de la universidad, pese a las restricciones que la pandemia seguía imponiendo.

Iván contaba que lo que más le había ayudado era el

ejercicio de pensar lo bueno que le había pasado en ese día y apuntarlo en un diario. Por pequeño que fuese, le ayudó a recuperar la ilusión que había perdido y a disfrutar de nuevo. Le gustó tanto la técnica que siguió practicándola después de recibir el alta.

El monólogo interior

Para reducir los pensamientos negativos —a los cuales hemos dedicado varios capítulos para aprender a identificarlos y manejarlos en la segunda parte del libro—, podrías generar una estrategia que sea potenciar los pensamientos positivos para que estos compensen, en una especie de balanza, a los negativos. Esto requiere entrenamiento por tu parte, pero puedes conseguirlo. Para ello es fundamental caer en la cuenta de cómo es tu discurso interior. En qué términos te estás hablando.

Ya he comentado que tendemos a ser muy duros con nosotros mismos, negativos y poco compasivos. Se trata, por tanto, de cambiar este diálogo y suavizarlo, tratarte con el mismo cariño y dulzura con el que hablarías con un amigo. Si te resulta muy difícil llevarlo a cabo, siempre puedes imaginar que estás hablando con otra persona, ¿qué le dirías? Empieza por hablarte en tercera persona, «Silvia…», esto hace que te sea más fácil pensar en ti de forma similar a cuando piensas en los demás.

**Hablarte en tercera persona te permite
ser más empático contigo mismo.**

También te puede ayudar a regular tu estado de ánimo frases como «Silvia, tienes un mal día, eso te hace verlo todo negro, pero sabes que en realidad no es así»; te ayudan a rebajar la intensidad de una emoción.

Las autoinstrucciones

Las autoinstrucciones son el diálogo interno que mantenemos con nosotros mismos, que nos guían en lo que queremos hacer, decir o pensar. A menudo este diálogo es negativo: pensamos que las cosas van a salir mal, que no vamos a ser capaces... y eso hace que se dispare la ansiedad. Con esta técnica lo que queremos es cambiar esa forma de hablarnos. Se trata de crear frases breves que guíen nuestra realización. Lo ideal es que sean personalizadas, que cada uno piense las suyas propias y verdaderas; por ejemplo, si mi objetivo es no ponerme nervioso en un examen o en una presentación, de nada va a servir decirme «Me va a salir bien» si no he estudiado o no lo tengo lo suficientemente preparado. Y siempre deben estar enunciadas en positivo.

Ya he comentado que el lenguaje condiciona nuestra realización. Así, es mucho más efectivo, ante el lanzamiento de un penalti, decirnos «Voy a meter gol» que «No voy a fallar». En la primera opción visualizamos el gol y en la segunda, el fallo.

Estas autoinstrucciones las vas a utilizar antes, durante y después de la situación que te genera preocupación o ansiedad.

Antes

Reflexionar sobre estas cuestiones te puede dar muchas pistas sobre cómo enfrentarte a esa situación. Preguntas que realizarte:

- ¿Cuál es mi problema?
- ¿Cuál ha de ser mi actuación?
- ¿Qué puedo hacer?
- ¿Cómo lo voy a hacer?

Durante

Cuando te encuentras ante la situación que te está provocando ansiedad, has de controlar el pensamiento para evitar que se desencadene el proceso de ansiedad. Puedes decirte frases tranquilizadoras como:

- Puedo manejar la situación.
- Sé cómo estar tranquilo.
- Lo haré como lo había pensado.

Después

No debes olvidar utilizarlo también después, dado que las actuaciones futuras ante circunstancias similares de ansiedad dependerán de lo que pienses tras haber pasado por esa situación. Si solo te quedas con lo negativo, con lo que salió mal, y buscas todos los posibles fallos, lo más probable es que cuando tengas que enfrentarte de nuevo a esa situación vuelvas a experimentar la misma ansiedad. Por eso es importante reforzar lo que has conseguido con frases positivas como:

- He manejado mi ansiedad.
- Me he controlado bastante.
- Cada vez lo hago mejor.

Puedes utilizar esta técnica para todas las situaciones de tu vida cotidiana. Los pasos serían los siguientes:

1. Adquiere consciencia sobre cómo es tu monólogo interior.

2. Discusión interna sobre la veracidad o falsedad de las autoinstrucciones que te dices: «¿Estoy magnificando? ¿Me sirve de algo hablarme así?».

3. Aprende a formular autoinstrucciones positivas y eficaces para cada situación.

4. Elabora autinstrucciones para diferentes situaciones con las que te suelas encontrar en la vida y ponlas en práctica siempre que puedas.

5. Dirígete a ti mismo en tercera persona.

31

Dedicar a la vida la mejor sonrisa

Como ya he comentado, puede que la situación que estés viviendo no sea la más apetecible, e incluso que sea especialmente difícil y complicada y que te cause dolor, sin embargo, siempre podrás emplear el sentido del humor como antídoto.

Utilizar el sentido del humor no implica ponerte una venda en los ojos y no reconocer tus emociones, sino que, desde el realismo, desde la consciencia de lo que estás viviendo, puedas conseguir de forma natural reevaluar la situación y darle otro punto de vista.

**El humor es uno de los principales
aliados de la vida.**

¿En qué ayuda el sentido del humor?

El humor y la risa tienen efectos positivos sobre la salud porque inducen emociones agradables, sobre todo, sentimientos de alegría y gozo. Además, el sentido del humor te ayuda a afrontar las situaciones de estrés de modo más efectivo, ya que ganas perspectiva y tomas distancia de los acontecimientos, potenciando la sensación de control. El humor favorece pensar de manera racional y te permite reevaluar la situación en busca de la perspectiva cómica. Asimismo, ayuda a fomentar el pensamiento creativo y a encontrar otras soluciones y alternativas a los problemas, así como a conseguir más apoyo social. Si te fijas, las personas con buen sentido del humor son más competentes socialmente y tienen más habilidades para reducir tensiones y conflictos en las relaciones.

A través del humor podrás encontrar nuevas herramientas para afrontar los problemas. Por ejemplo, aprender a reírse de uno mismo es una buena forma para desdramatizar la vida. Implica cambiar la narrativa, los términos en los que te refieres a una situación, dejando de ver ese lado tan oscuro para buscar la chispa, la gracia.

Se trata de cambiar el género de la película y pasar de drama a comedia. La trama sigue siendo la misma, dado que muchas de las situaciones no las vas a poder cambiar, pero sí el enfoque que le das. Y con ese cambio de enfoque también cambiarán tus sentimientos. Porque el humor potencia las emociones positivas.

Tener un buen sentido del humor no implica estar siempre haciendo bromas y chistes y reírnos por todo, sino aprender a ver las cosas desde otro punto de vista; es como si abrieras el plano de la película de tu vida y permitieses ver la escena desde otro ángulo.

El humor es una disposición mental que denota una actitud sonriente ante la vida y sus imperfecciones. Es ser conscientes de las incongruencias de la vida, pero sin intención maliciosa u hostil.

El poder de la sonrisa

Existe un refrán que dice que la cara es el espejo del alma, y tiene mucho de cierto. A través de los músculos de la cara y de los ojos expresamos las emociones, aunque muchas veces lo hacemos de forma inconsciente.

Lo más llamativo de la cara es la boca, porque es lo que tiene más saliencia, es decir, lo que más destaca y más nos llama la atención. Es verdad que también nos fijamos mucho en los ojos, pero la boca sigue teniendo más contraste y luminosidad y eso hace que se detecte antes, y más aún cuando expresamos una sonrisa.

De entre todas las emociones, la alegría es la que más rápido se detecta y se procesa. Si bien es cierto que para que se produzca esa transmisión es necesario que la sonrisa sea genuina, plena, lo que se llama sonrisa Duchenne, cuando sonreímos además de con la boca, con los ojos, y se forman esas patas de gallo en la comisura de los mismos.

Al sonreír nos encontramos mejor, y esto ocurre por la propiocepción. La información fluye del cerebro al cuerpo y viceversa. El cerebro tiene la capacidad de recoger la información exacta del cuerpo, de los músculos, de las articulaciones... y conoce la posición exacta de los mismos. El cerebro interpreta dicha información, por lo que cuando sonreímos, la mente deduce que algo bueno nos debe pasar para que se haya formado esa sonrisa en la boca.

Es especialmente conocido el experimento clásico de Fritz Strack, en el que daba a los participantes un lápiz que debían sostener en la boca de modos diferentes: unos entre los dientes, sin tocarlo con los labios, con lo que se formaba una sonrisa forzada, y otros entre los labios, con la punta del lapicero hacia delante. La tarea consistía en que mientras sostenían de cada manera el lápiz, debían evaluar cómo de graciosas les parecían unas caricaturas. El autor encontró que el grupo que sostenía el lápiz manteniendo la sonrisa forzada calificó las caricaturas como más graciosas que el grupo cuya manera de sostener el lápiz no les obligaba a sonreír. Lo que implicaría que, inconscientemente, la sonrisa influye en los pensamientos y sentimientos.

La gente que sonríe se encuentra más satisfecha con su vida. La sonrisa reduce el estrés. Cuando sonreímos, disminuye la segregación de cortisol —la hormona del estrés— y la presión arterial. Como he dicho, las personas que sonríen tienden a tener mejor salud, dado que sonreír libera endorfinas, serotonina y otras sustancias que actúan como analgésicos naturales. En definitiva, los problemas existen, están ahí, negándolos u obviándolos no van a desaparecer. Las emociones forman parte de la vida, nos dan información de lo que nos ocurre. Aprendamos a escucharlas, a comprenderlas, de esa forma podremos regularlas, mitigar el efecto de las emociones negativas y, sobre todo, potenciar las positivas. Basta con trabajar de manera proactiva en incrementar el equilibrio emocional. ¡Y de mejor manera que hacerlo que con una sonrisa!

La sonrisa genuina es una manifestación externa de cómo te tomas la vida. Pon tu mejor sonrisa.

Agradecimientos

A Miguel, por estar siempre a mi lado con su mejor sonrisa, darme la estabilidad necesaria para conseguir mantenerme a flote y por sus ideas siempre innovadoras.

A Elena Ferrero, por leer de forma paciente el primer borrador y darme todos sus consejos para poder mejorar este libro.

A mi familia, especialmente mis padres, Pedro y Pilar, porque me enseñaron a confiar en mí y me permitieron volar.

A María Jesús Álava, por ser mi madrina, tanto en lo profesional como en lo personal. La vida es más fácil cuando se aprende de la mejor.

A Ruth Castillo Gualda, por lo que me has enseñado sobre las emociones.

A Susana Álvarez y Mónica Poblador, por abrirme los ojos al mundo del autocuidado y la autocompasión.

A Aroa Caminero, Lucía Boto, Bárbara Martín, Rosa Collado y Lorena de Paz, juntas hacemos un gran equipo. Gracias por vuestra sabiduría y apoyo.

A mis compañeros del centro de psicología Álava Reyes y de la Fundación María Jesús Álava Reyes, con los que aprendo cada día.

A Miguel Ángel López Gónzalez, Esther Ruiz Jiménez, Elena Marcos Trapero, Verónica Garbajosa Yubero y Manuel Pérez López, alumnos de prácticas del Máster de Psicología General Sanitaria de la Universidad Alfonso X el Sabio que han trabajado duro para sacar los talleres de inteligencia emocional adelante y han pensado unos ejercicios muy chulos, algunos de los cuales están recogidos en el libro.

A Héctor González Ordi y Cristina Wood, compañeros de profesión que me han ayudado a conocerme mejor y a mejorar como persona.

A Manuel Gámez, Javier Román y Luis Manuel Blanco, que además de risas aseguradas siempre me ofrecen la perspectiva científica.

A Estíbaliz Mateos, por su aliento en la distancia.

A Cristina Palmer por su amistad y sus conocimientos de neuropsicología.

A mis amigas y amigos, del colegio, el Montico, la carrera, el colegio mayor, la universidad y los que se han ido sumando a lo largo de los años… Gracias por vuestra amistad, por los buenos momentos y por ser la mejor medicina contra el malestar.

A los colegas de profesión, con los que comparto mi amor por la psicología y que comparten de forma generosa sus conocimientos.

Al Colegio Oficial de la Psicología de Madrid y el Consejo General de la Psicología, que vela por el reconocimiento de nuestra profesión.

A las personas que han confiado en mí, contándome sus problemas y preocupaciones y me han permitido ayudarlas. Eso es lo que hace que cada mañana me apetezca seguir ejerciendo como psicóloga sanitaria.

A las empresas y colegios que me han abierto sus puertas para que podamos aprender juntos a través de charlas y formaciones.

A los medios de comunicación, que confían en mí y cuentan conmigo, con los que cada día aprendo el valor de la comunicación.

A mis profesores, muchas gracias por trasmitirme vuestro conocimiento y vuestros valores.

A mis alumnos y alumnas, con los que aprendo cada curso.

A Olga Adeva, mi editora, por estar detrás de este libro y hacerlo posible.

A las personas que se levantan cada día intentando ser mejores pese a sus problemas y sus circunstancias.

A ti, que estás leyendo este libro, espero que te haya gustado y que te sea útil en tu día a día.

Referencias

ÁLAVA S. (2014) *Queremos hijos felices. Lo que nunca nos enseñaron.* Madrid: JdeJ editores.

ÁLAVA REYES, M. J. (2003). *La inutilidad del sufrimiento.* Madrid: La Esfera de los Libros.

— (2014). *Las tres claves de la felicidad. Perdónate bien, quiérete mejor y coge las riendas de tu vida.* Madrid: La Esfera de los Libros.

ARNOW, B., KENARDY, J. y AGRAS, W. S. (1995). «The emotional eating scale: The development of a measure to assess coping with negative affect by eating». *International Journal of Eating Disorders,* 18: 79-90.

ASENSIO, A. (2020). *Vidas en positivo.* Barcelona: Penguin Random House.

BECK, A. T. (1979). *Cognitive therapy and the emotional disorders.* Nueva York: New American Library.

BOWER, G. H. (1981). «Mood and memory». *American Psychologist,* 36 (2): 129-148.

BRACKETT, M. (2019). *Permiso para sentir.* Barcelona: Planeta.

BRUNSTEIN, J. C., SCHULTHEISS, O. C. y GRÄSSMAN, R. (1998). «Personal goals and emotional well-being: The moderating role of motive dispositions». *Journal of Personality and Social Psychology,* 75(2): 494.

BRUNSTEIN, J. C., DANGELMAYER, G. y SCHULTHEISS, O. C. (1996). «Personal goals and social support in close relationships: Effects on relationship mood and marital satisfaction». *Journal of Personality and Social Psychology,* 71(5): 1006.

CANTOR, N. (1990). «From thought to behavior: "having" and "doing" in the study of personality and cognition». *American Psychologist,* 45(6): 735-750.

DAMASIO, A. (2001). *El error de Descartes. La emoción, la razón y el cerebro humano.* Barcelona: Destino.

ELLIS, A. y HARPER, R. (1961). *A guide to rational living.* California: Wilshire Books.

ELLIS, A. (1975). *A new guide of rational living.* California: Wilshire Books.

EMMONS, R. y SHELTON, C. M. (2002). «Gratitude and science of positive psychology». En Snyder, C. R. y López S. J. (eds) *Handbook of positive psychology,* Oxford: Oxford University Press, 459-471.

FERNÁNDEZ-ABASCAL, E. (2009). *Emociones positivas.* Madrid: Pirámide.

— (2015). *Disfrutar de las emociones positivas.* Madrid: Editorial Grupo 5.

FRANKL, V. (1946). *El hombre en busca del sentido.* Barcelona: Herder (2015).

FREDRICKSON, B. L. (1998). «What good are positive emotions?». *Review of General Psychology: Special Issue: New Directions in Research on Emotion,* 2: 300-319.

— (2001). «The role of positive emotions in positive psychology: The broaden-and-build theory of positive emotions». *American Psychologist: Special Issue,* 56: 218-226.

FRIDJA, N. H. (2001). «The laws of emotion». En W. G. Parrot (ed): *Emotions in social psychology: Essential reading* (57-69). Filadelfia: Psychology Press.

KING, L. A. (2001). «The health benefits of writing about goals». *Personality and Social Psychology Bulletin*, 27: 798-807.

KROSS, E. y AYDUK, O. (2017). «Self-distancing: theory, research, and current directions». *In Advances in Experimental Social Psychology*, 55: 81-136. Academic Press.

LANG, P. J. (1988). «What are the data of emotion?». En V. Hamilton, G. H. Bower y N. J., Frijda (eds). *Cognitive Perspectives on Emotion and Motivation* (173-191). Dordrecht: Kluwer.

LYUBOMIRSKY, S., KING, L. y DIENER, E. (2005). «The benefits of frequent positive affect: Does happiness lead to success?». *Psychological Bulletin*, 131: 803-855.

LYUBOMIRSKY, S. (2008). *La ciencia de la felicidad*. Barcelona: Urano.

— (2014). *Los mitos de la felicidad*. Barcelona: Urano.

PAOLI, G. (2020). *Salud digital. Claves para un uso saludable de la tecnología*. Madrid: JL Servicios Editoriales.

MACKINK, S. L. y MARTÍNEZ-CONDE, S. (2010). *Los engaños de la mente*. Barcelona: Destino.

MARTÍN, A. F, DELGADO, P. B. A. y CALVO, M. G. (2012). «Una sonrisa en la boca hace que los ojos parezcan alegres». *Escritos de psicología*, 5(1): 25-33.

MCKAY, M., Davis, M. y FANNING, P. (1985). *Técnicas cognitivas para el tratamiento del estrés*. Barcelona: Martínez Roca.

MOSER, J. S., DOUGHERTY, A., et al., (2017). «Third-person self-talk facilitates emotion regulation without engaging cognitive control: Converging evidence from ERP and fMRI». *Scientific Reports*, 7(1): 1-9.

QUINO (1992). *Todo Mafalda*. Barcelona: Lumen.

RIZZOLATTI, G. y SINIGAGLIA, C. (2008). *Las neuronas espejo: los mecanismos de la empatía emocional.* Barcelona: Paidós.

SALOVEY, P. y MAYER, J. (1990). «Emotional intelligence. Imagination», *Cognition and Personality,* 9: 185-211.

— (1997). «What is emotional intelligence? En P. Salovey y D. Sluytes (eds.), *Emotional development and emotional intelligence: implications for educators* (3-31). Nueva York: Basic Books.

SALOVEY, P., WOOLERY, A. y MAYER, J. D. (2001). «Emotional intelligence: Conceptualization and measurement». En G. J. O. Fletcher y M. S. Clark (eds.). *Blackwell handbook of social psychology: Interpersonal processes* (279-307). Malden: Blackwell Publishers.

SÁNCHEZ-ÁLVAREZ, N. (2021). «Aprendiendo a perdonar». En S. Álava, *El arte de educar jugando.* Madrid: JdeJ Editores.

SELIGMAN, M. E. P. (2004). *Aprenda Optimismo.* Barcelona: DeBolsillo.

— (2005). *La auténtica felicidad.* Barcelona: Ediciones B.

SELIGMAN, M. E. P. y CSIKSCENTMIHALYI, M. (2000). «Positive psychology: An introduction». *American Psychology,* 55(1): 5-14.

SHELDON, K. M. y LYUBOMIRSKY, S. (2006). «How to increase and sustain positive emotion: The effects of expressing gratitude and visualizing best possible selves». *Journal of Positive Psychology,* 1: 73-82.

— (2006). «Achieving sustainable gains in happiness: Change your actions, not your circumstances». *Journal of Happiness Studies,* 7(1): 55-86.

STRACK, F., MARTIN, L. L. y STEPPER, S. (1988). «Inhibiting and facilitating conditions of the human smile: a nonobtrusive test of the facial feedback hypothesis». *Journal of Personality and Social Psychology,* 54(5): 768.

TRAPNELL, P. D. y CAMPBELL, J. D. (1999). «Private self-consciousness and the five-factor model of personality: Distinguishing ruminations from reflection». *Journal of Personality and Social Psychology*, 76: 284-308.

TURKLE, S. (2017). *En defensa de la conversación. El poder de la conversación en la era digital*. Barcelona: El ático de los libros.